外国語の壁は理系思考で壊す

杉本大一郎
Sugimoto Daiichirou

a pilot of wisdom

はじめに

　英語を使いたいがなかなか出来ない、中学生の頃から何年もやってきたのに、という悩みを抱えているのが、正直に言えば、ふつうである。そうなるのはなぜだろう。英語の先生に相談すると、英語を聞いたり、辞書を引いたりして勉強や練習にはげみなさいとおっしゃる。しかし頑張らなくても身につく方法を考えてくれるのが先生というもののはずである。

　一方他の国では、それほどでもない。彼らは日本人と比べて頑張って勉強しているわけではない。日本人が外国語の学習に膨大な時間と努力を費やしているのに、そのわりに外国語を実用に使えるようになっていない状況は、膨大な国民的損失である。やはり何かが悪いということなのではなかろうか。

　ここでは発想を根本から変えて、現実を見ながら、英語の先生の固定観念にはとらわれないで、科学的に考え直してみよう。しかも楽しく。ただし「楽しく」ということは、テレビの語学番組によくあるように、遊びながら、観光旅行のような題材で、大して内容のない事柄をドタバタでという意味ではない。言葉とい

うものの性格を理解し、知的好奇心を多面的に満たしながら、という意味である。

　この書で述べたいことの趣旨は、おおよそ次のことである。
- 言葉は音で伝わるのではなくて、意味と内容で伝わる。
- だから大切なのは発音よりも語彙(ごい)と論理構成である。
- 外国語の造語法を知れば、語彙は芋づる式に増える。
- それは、努力せずに外国語を実用に使えるようになる近道である。

　これまでの外国語修得法で反省すべきことは、学校で習っているやりかたが効果的とは限らないことである。それでも、英語のほうがましかもしれない。話は変わるようだが、算数や数学は英語よりも長期間にわたって学校で習っているのに、定量的関係や数理言語を使いこなせないというのがふつうである。英語はそれほどでもない。まずは自信を持とう。

　私は定年退職になるまで宇宙の物理学を職としてきたから、数学や英語は「使うもの」だと思っている。2度目の退職前、最後の10年間は放送大学に勤めて、20歳代から80歳代までの人と付き合った。そこでの最

大の問題は、英語や数学が使えないということであった。放送大学では外国語が必須になっていて、なかなか卒業出来ない人まで出たのである。

そこで私は「使える数理リテラシー」という講義とその教科書（『使える数理リテラシー』2003年、放送大学教育振興会刊。改訂新版は2009年に勁草書房より刊行）を作って、まずは数学のほうから何とかしようと思った。その科目は、数学の先生からは「数学の精神と体系にマッチしない」として評価されなかったが、数理を使う人からは一定の評価をいただいた。同じことを英語で出来ないかというのが、当時から持っていた私の希望である。もちろん英語の先生がたに相談したが、乗ってもらえなかった。上に述べた数学の先生との考えの違いと同じようなことが、その根本にあると思っている。

それならどうするか。まずは、いわゆる「英語の教えかた」というものから離れて、現実を直視することである。

注目点はいろいろある。世界では発音のかなりおかしい英語が堂々と通用している。文法的におかしいものであったり、綴りが間違ったりしていても通用している。英語の先生は辞書を引けと言うが、私たちが日

本語を身につける過程ではほとんど辞書は引いていない（あなたが英語の辞書で引いた単語の数は、日本語を調べた単語の数の何倍ですか。10倍、それとも100倍、もっと？）。単語帳で英単語をその日本語訳に対応づけて「覚える」という努力は、本当に役立っていますか。学校では英語を翻訳させるが、話し手は翻訳に要する時間を待ってくれますか。英語の語彙が増えないのは、英語の造語機能（概念を構成・変形・拡張していく性質とその方法）を教えていないので、語彙が芋づる式に増えていかないからではありませんか。言語の扱いと認識に関して、脳科学の考えかたが取り入れられていないのではありませんか。

　伝統的指導方法が生徒や学生の足を引っ張っている典型的な例は物理学である。そして物理嫌いを生産している。昔の偉い学者先生が、物理学はこういうふうに教科書を作り、組み立てていくものだという（物理学者を志望するものには）良い例を示したが、今でも一般向けの教科書がそれに引きずられている。英語や他の外国語の場合は、物理学の場合ほどには悪くない。

　それでもやはり何かがピンボケである。その何よりの証拠は、努力のわりに身についていないことである。最大の罪は、英語の先生が英語は怖いと思わせるとこ

ろにある。自動車の運転でも、怖いと思っている人はなかなか身につかず、反射神経で運転出来るようにならない。

　自動車の運転は事故を起こすことがあるから、本当は怖い。それに対し英語は契約文書にサインするとき以外は間違えても怖くないし、車の事故と違ってやり直しもきく。そこで英語は怖くないと思い直して、日本語を身につけたときのように、いつの間にか身につくようにしたいものである。この書で述べることがそのための足しになれば幸いである。

　なお、同じ言葉の説明が、一部、繰り返し現れることもある。ただしそれは異なる視点や文脈で、異なる意味での説明のつもりなので、許していただきたい。

目　次

はじめに ——————————————— 3

I. 現実を見よう ——————————— 13
インド人の英語と日本人の英語
韓国人の英語
ロシヤ人の英語
イタリア人の英語
オーストラリア人の英語
私の外国語

II. 外国語の音 ———————————— 25
日本人の英語が通じにくいのは発音のせいではない
発音が難しいのは脳の構造の本性
英語はやや変わった言葉

III. 翻訳してはいけない ——————— 31
翻訳させることの罪
話される順序のままに理解していこう
否定の言葉の使いかた
子供は翻訳出来ない
日本語と英語はパラレルプロセッシング

翻訳するなら内容を

IV. 内容のある話のほうがよく分かる —— 45

話は音よりも内容で通じる
話の構成は単純に
外国語の難しさは語順よりも語彙にある

V. いろいろな外国語から学ぶ —— 53

いろいろな外国語を知ると英語も分かるようになる
アルファベットと文字のいろいろ
ギリシャ文字系統のアルファベット
難しい発音 g、j、ll、x、z
固有名詞の読みかたは気にしない

VI. 音よりも重要な語彙 —— 67

歳を取ると聴き取りにくくなる理由
言葉は音の聞き取りだけで理解されるのではない
話は語彙をとおして伝わる

VII. 異なる言語では語彙や概念の体系が違う —— 75

概念と単語の対応
簡単な単語でも意味内容の対応関係が異なる
冠詞と指し示すものとの関係

「どうぞ」と「どういたしまして」
個か、個の集まりとしての全体か、それとも総体か
肯定と否定
能動と受動

VIII. 動作と状態の区別 ——————————— 91

動詞のアスペクト
ロシヤ語の不完了体と完了体
アスペクトをどのように区別する
外国語を学ぶ意義は
外国語の授業時間数を増やすのには反対

IX. 語彙を増やそう ————————————— 103

英語の造語能力
異なる品詞や類似概念を導く
接頭語と接尾語でますます広がる
他の言語を少し知っていると接頭語の意味が分かる

X. 知っている言葉はいろいろある ————— 135

金はAu、銀はAg
カタカナ語とその功罪
本来の意味を知ろう
略語そのものを覚える必要はない
意味が分かると正しく切れる

XI. パソコンの言葉 ——— 155

キーボードの操作
ファイルの名前と拡張子
文字と画像で拡大出来るものは
何をするかを記述する実行ファイル
パソコン用語で言葉の世界を広げる
インターネット
パソコンの基本的な使いかた

XII. 実用に使えるようになるために ——— 179

そのためにはコツがある
文法どおりの言葉？
話し言葉と書き言葉は違う
発音より大事なイントネーション
子音と母音
大事なことはこちらから話して確認をとろう
言いたいことがあると言葉は次々と出てくる
自動車の運転は１万キロ
やさしい英語をたくさん読もう
誤解すると辻褄が合わなくなるものを読もう
論理構造のしっかりしたものを書こう
短く対称性の良い文を
言いたいことが明確に伝わるように

おわりに ——— 205

I. 現実を見よう

インド人の英語と日本人の英語

　私が60歳まで勤めていた大学には多くの外国人教師がおられた。ある日のこと外国人教師を囲む懇談会で、イギリスから来て英語を教えておられる女性の先生に尋ねてみた。「インド人の英語と日本人の英語、どちらがよく分かりますか」

　当時、私はある分野で、日本とインドの共同研究組織でコーディネーターをさせられていて、インド人の英語の電話に往生していた。その先生はしばらく考えておっしゃった。

「インド人の英語のほうがよく分かります」
「理由はどういうところにあるのでしょう」
「イギリスにとっては、インドとの付き合いのほうが長いからです」

　インド人の英語といってもいろいろあるが、巻き舌のカタカナ英語のような人が多い。それで非常に聞き取りにくいわけである。しかしこの先生の返事から分かるように、言葉が通じるかどうかは、主に相手との付き合いの程度による。言い換えれば、付き合いが深いと、相手が何を言うか、言いそうか、どんな音で言うか、分かっていて聞くからである。

実際、われわれが日本語を聞いているときでも、言葉の一字一句を聞き取っているわけではない。それでもキチンと通じ合っている。われわれは日本人との付き合いが最も長いからである。われわれが日本人の英語を聞いたときよく分かると思うのは、日本人がどのように日本語なまりの発音をするか、どういうふうに物事をとらえるかを知っているからである。

韓国人の英語

　最近は日本に来る留学生の数もずいぶん多くなった。特に中国・韓国からの留学生は多い。また大学院に一時的に滞在し、日本で学位論文を提出する人もある。その人たちの学位論文審査会で困ったのは、韓国人の英語が分かりにくいということであった。

　韓国語には濁音と半濁音の区別はない。基本的にはパピプペポであるが、それは前後の言葉の関係でバビブベボになったりする。最初に出てくるときの音は半濁音パピプペポである。例えば韓国の混ぜご飯はピビンパプである。同じ音が途中に出てくると、ビビンパプのようになったりする。その癖か、韓国人の話す英語では、しばしば濁音的な音も半濁音的になったりす

る。聞き取りにくい理由である。

　しかしあるときから、私は韓国人の英語が聞き取れるようになった。理由は韓国語をほんの少しだけだが、勉強したからである。たまたま韓国に用事があり、やはりハングルが読めたり、タクシーに乗れたりしないと面白くないので、電車の中で韓国語を勉強した。

　韓国語には10個の母音と14個の子音があるが、もちろん私にはそれらの区別は出来ないので、適当に5個程度の母音でごまかしていたのだが、濁音と半濁音の区別には強烈な印象を受けた。それをひととおりさっと勉強することによって、韓国人ならこの英語をどう発音するか、分かるようになった。そのとたんに韓国人の英語が聞き取れるようになったのである。つまり付き合いが少しだけだが深まったので、よく分かるようになったというわけである。

　西洋人、特にアメリカ人には、日本人の英語は分かりにくいという人があるが、それは彼らが日本語を全く知らないからである。さらにアメリカが世界だと思っている傾向があるからである。この点、ヨーロッパ人は比較的おうようである。彼らはいろいろな言語に囲まれて生活しているからであろう。

ロシヤ人の英語

韓国語と対称的な言葉はロシヤ語。何しろほとんどがザジズゼゾのように濁音的で、韓国語の裏返しである。それに英語のRに対応するロシヤ文字Р（エル）は巻き舌の「ル」である。それを反映した英語はやはり聞き取りにくい。ただ、ロシヤ文字の音は日本語の音に似ているところがあって、ロシヤ文字をローマ字ふうにして日本語を書くと、かなり正確に表現出来る。だから日本人には比較的分かりやすいと思っている。もっとも、私は若いときにロシヤ語を勉強したことがあるので、そのせいかもしれない。なお、日本では「ロシア」と英語（Russia）ふうに表記されるが、ロシヤ語ではРоссияで、最後の文字はa（アー）でなくя（ヤー）である。明治維新前の日本の開国の頃には、それぞれの国の人から発音を直接に聞き取って辞書が作られた。だから、日本でロシアと言うようになったのは、（第2次世界大戦の）戦後からのことである。

イタリア人の英語

イタリア人はthとdの発音が区別出来ないと、よく言われる。そしてイタリア語で目立つのは母音が多

いことである。単語は多くの場合、母音で終わる。これは日本語の場合に似ていて、発音がはっきりして分かりやすい。そのせいでもあろうか、イタリア人が英語を話していて、最後に軽く a（ア）という音が入ることが多い。ちなみに日本ではイタリヤと言われることが多いが、英語では Italy の最後が y だからであろう。イタリア語では Italia である。

　アクセントのあるところを大文字で表すと、ItAlia（イターリア）は CantAre（カンターレ、歌う）、MangIAre（マンジャーレ、食べる）、AmOre（アモーレ、愛する）の国で、第1音節ではなく、第2音節にアクセントが来ることが多い。これもアクセントがあまり目立たず、抑揚もあまりない日本語を話す日本人にとって分かりやすい。

　外国からのお客さんを迎えるとき、私は空港まで迎えに行かない。理由はふたつある。私の経験では大げさに出迎えてくれる開発途上国のまねはしたくない。それにインテリなら自分で考えて来てくれというわけである。ただし、そのときには次のヒントを与える。「日本で英語を通じさせようと思ったら、イタリア人になったつもりで話しなさい。入りうるところにはみな母音を入れて、さらにそれぞれの音を音楽のスタッ

カートのように切って話しなさい」

　外国へ行ったときには、その国の人が分かるように話すのがエチケットというものである。

　ついでに言うと、イタリア人にとっては、スペイン語は知らなくても、スペイン人が話すおおよその意味は分かるのだそうである。語彙も発音も、アクセントも似ているからである。それはわれわれが、日本語ならば、地域の方言を知らなくても、意味がほぼ分かるのに似ている。言葉は厳密に正しくなくても、伝えようとする意思と内容があれば、通じるものなのである。立場を逆にしてみると、外国人が下手な発音の日本語で話しかけてきても、私たちはキチンとその意図を汲み取れる。言葉が通じるかどうかは、発音ではなくて、心なのである。

オーストラリア人の英語

　オーストラリアは英語国であるが、その発音はアメリカやイギリスの英語とはかなり違う。Today's newspaper says は、トゥダイズ・ニュースパイパー・サイズという調子で、a は全て ai（アイ）のようになる。それでもオーストラリア人と他の英語国民の間で、会話は非常によく通じている。世界には、数え

かたによるが、何とおりもの英語があるのだそうである。オーストラリアの英語はそのひとつのカイス（case ケースをそう読む、場合のこと）である。

私の外国語

他人のことばかりでなく、私自身のことも言わなければならない。白状すると、私は外国語の発音は下手だし、流暢（りゅうちょう）に話しているわけではない。それでも外国人とのコミュニケーションでは、別に困らない。

発音が下手なのは、私の育ちによる。大学に入ったのは1955年のことだが、その頃はテープレコーダーがやっと人に知られるようになった頃だったし、テレビや録音で外国語の音に接する機会は少なかった。せいぜい駐留軍向けのラジオ放送 FEN（Far East Network）があったくらいである。ただし、それは日本人向けでないから、教材には難しすぎた。

最近は様子ががらりと変わった。いろいろな国の言葉がテレビなどをとおして音で、また字幕をとおした意味として、広がっている。そして若い学生の発音は格段に良くなったし、流暢になったと感心している。英語以外の言葉も広がっている。自動車や飲み物の名前には特に多い。街にはアジアの言葉も溢（あふ）れており、

東京の地下鉄で電車を待っている間に韓国語のハングルや中国語の簡体字を覚えてしまうほどである。

　しかしそのことと外国語が使いものになるかどうかということとは、また別である。私は天体物理学を生業にしてきたので、外国人とのコミュニケーションの機会は多かった。もっとも、いろいろな国のそれぞれ下手な発音の科学者と付き合っていたものだから、私自身の発音も一向に良くならない。それに良くしようという気もないから、良くなるはずもない。

　科学は国際的なものだから、成果を発表したり、読んだり、議論を戦わしたりするのは、多くの場合、英語でするしかない。その際、良くない発音を補うのは論理と話の構成である。そのためには、語彙も正しい意味で使わなければならない。それに私は生来の怠け者で、ものを書くときや、講演をするときに日本語で考えておいたり、英語でも原稿を準備したりはしない。話がどう発展するかは必ずしも予見出来ないからである。

　科学や事務文書などの外国語は、意味と論理と構成さえはっきりしていればやさしいし、覚えなければならない事柄もそんなにない。

　典型は数学・物理の概念や化学の物質名とそれらの

教科書である。それらの概念は比較的キチンと体系的に作られているからである。

　事務文書ではこんな経験もある。私は30歳頃に、アメリカに２年間滞在したが、そのとき初めて税金の確定申告（必ずしも返してもらわなくても tax return と言う）をした。そして帰国するときには払うべき税金は全て納めましたということを証明して sailing permit（国から出ていってよろしいという許可）を取らなければならない。それらは、もちろん、英語で書いた説明書を読んで、英語で書類を作るわけである。係官は私が提出した書類をチェックして、excellent と評価してくれた。つまり、私の英語は実用になったのである。そして帰国後、日本でも確定申告書を出すようになって、日本での税制が、何とアメリカのものに似ていることかと驚いた（戦後、アメリカをまねて作られたからである）。

　私は貧乏学者だったし、以前は外貨に比べて日本円の価値が大変低かったから、外国でも損をしないように、ケチに振舞わざるを得なかった。例えば外国でタクシーに乗るときでも、自己防衛のためには、可能な限りその国の言葉を使うことが必要だったし、それはエチケットでもある。だから外国へ行くときには、出

来るだけその国の言葉に目をとおしておくようにしていた。

　それでもイスラエルのヘブライ語やインドのいろいろな言葉の文字は読めない。それらの国では英語が十分に通じるから易きに流れてしまう。似たような問題は、他のヨーロッパ語の場合にもある。自動車を運転しているとき、交差点の地名の掲示は、英語だとチラッと見ただけで分かるが、フランス語の地名だと、文字を見ないと分からない。つまり英語は単語として（まとめて、漢字のように）読んでいるが、フランス語は文字（アルファベット）として読んでいるからである。

　そんな程度の外国語でも別に困らないのは、慣れと、語彙の正しい用法を知っていることと、論理や言葉、概念が好きだということがあるためらしい。世間では、「良い発音をたくさん聞いて練習し、覚えて、外国語が使えるようになりなさい」と言われる。それだと外国語学校は儲かっていいかもしれない。しかしそれには付き合っていられない。外国語は目的でなく手段であると思っている人には、それとは異なるアプローチがあるのではなかろうか。私のように外国語の下手な人間が、外国語との付き合いかたを語ろうと試みる理

由はそこにある。

II. 外国語の音

日本人の英語が通じにくいのは発音のせいではない

　日本人の英語が通じにくいのは、RとLの発音が区別出来ないからではない。これまで各国の人々の話しかたにある癖を見てきたように、発音が適当（いいかげん）でも通じるものである。実際、アメリカ人の幼児はRとLの発音をきちんと区別出来ないのに、英語で意思の疎通が出来ている。

　高速道路の出口あたりで話をしていて、高速道路のrampと電灯のlampを間違って解釈する人はいない。どちらであるかは、音そのものよりも、その場の事情や内容によって通じる。アイ・ラブ・ユウは、私があなたをこする（rub）のか、愛している（love）のかは、音が不正確でもその場の状況で直ちに分かる。本来は日本語にない「ヴ」という文字を使ってvという音を表すのが高尚だとしている人があるが、私は嫌いである。言葉は状況によって通じるもので、音だけで通じるものではない。その逆として、電話で話し合っていると、同じ言葉で語られても話が通じにくいということがある。状況が把握しにくいからである。

　日本人はRとLを区別出来ないから通じないと、日本人がしばしば言うのは、私の解釈では、英語の先

生が威張るために生徒を discourage（自信を失わせる）したり、spoil（だめにする）したりしていることの典型である。もちろん、発音は正しいに越したことはないが、ある程度の年齢になると、外国語の正しい発音をするのは大変難しい。

発音が難しいのは脳の構造の本性

　脳の中の音のネットワークは、幼児期までくらいに出来てしまう。その後に別の音の体系を脳内に作るには、別の場所を使わなければならない。しかし、それぞれの場所はすでに別の機能のために使われているから、今まで使われていた場所を若干改変するくらいしかできない。そういう出来そうにないことに労を費やすよりも、意味で通じさせる努力をするほうが賢い。

　このことの裏返しとして次のようなことがある。体に何らかの不自由がある人の場合、脳のある一部が、いわば不要になる。そこでその部分を他の機能のために適用して、そちらの機能のほうが増強されることがある。目の不自由な天才数学者（例えばトポロジーの L.S. Pontryagin）などはその例であろう。また、目の不自由な人は、ふつうの場合に比べて３倍ものスピードで話されても聴き取れるという。ふつうの速さで話

されたものを録音し、それを3倍の速さで再生すると、音が1オクターブ半も上がってしまう。しかしデジタル技術を使うと、周波数を上げずに早口に変えることができるので、そのようなことが、実際に試されている。

　そこまで言わなくても、目の不自由な人が交差点で鳴らされている音の違いを認識し、どちらの方向が青信号であるかを判断して、安全に渡っておられるのを見ても納得できる。目の見える人にはまねが出来ないことである。

英語はやや変わった言葉

　音の話をしたついでに、文字のことも見ておこう。主にヨーロッパ語で比較する。英語の話をしているのに、なぜ他の外国語を、と思われるかもしれないが、次のようなことがある。

　後に詳しく考えるように、それぞれの地域や国の文化的背景になっている言葉に関してある程度の知識とか、語彙の概念構成のようなこと、つまり「言葉」というものに対する理解を持つことは、英語が使えるようになることの基盤になる。特にヨーロッパ語についてある程度の理解を持つと、英語の使いかたが芋づる

式に広がっていく。

　英語の音は、ヨーロッパ語の中でもやや変わっている。ＡとかＢ、またＩは、他の多くの言葉ではアーとかベー、イーと読まれる。エイとかビー、アイのように読むのはむしろ英語だけである。また英語では、同じ文字でも異なる文字の並び（単語）の中に現れたときに異なる音になることが多い。だから子供はもちろん、大学生でも、英語を表記するときに綴りを間違えることがしばしばある。この現実は、社会がそれに対しておうようだということで、あまり気にすることはないということでもある。

　単語の活用形ということについても見ておこう。言語学ではヨーロッパ語の多くは「屈折語」に分類される。屈折語の場合、単語は他の単語との関係によって、語尾変化という活用をする。動詞は人称、性、単数・複数、時制などによって語尾を変える。名詞は動詞とのかかわり（主格、所有格〔生格〕、対格、目的格、造格、前置格など、言語によっていろいろある）で、形容詞は名詞とのかかわりで語尾を変える。だから主語になる代名詞を明示しなくても済む言葉も多い（例えばスペイン語）。その点、英語は主語の代名詞がはっきりしていると言うが、そうせざるを得ないのである。なお、

日本語にも主語が明示されない傾向があるが、事情は全く異なる。日本語では動詞は主語の人称などで変わることはない。どういう文脈で使われているかで、主語を推測せよということなのである。

　他のヨーロッパ語に対し、英語での語尾変化は、主語が単数のときに動詞の語尾に -s がつくとか、(規則)動詞の過去形には語尾に -ed がつくとか、名詞が複数のときに語尾に -s がつくくらいしかない。語尾変化はほとんど消失してしまっているのである。2004年に来日し、大相撲の初土俵を踏んで、2010年には大関に昇進した把瑠都（バルト）の出身国であるバルト海沿岸の国エストニアの言葉では、名詞が14にも格変化をするのと大きく異なる。

　だから英語ではそれを補うものとして、前置詞とその使いかたが豊富になるだけでなく、文の中での語順を厳密に守ることが、他のヨーロッパ語の場合に比べて大切になる。すなわち主語 S・動詞 V・目的語 O（または補語 C）の順序（SVO 型）でなければならない。これは日本語の語順と異なるので、日本人にとってその流れに乗ることは、最初は難しい。これにどう対処するかは節を改めて考えよう。

III. 翻訳してはいけない

翻訳させることの罪

　英語の先生が作ったもうひとつの罪は翻訳である。今は昔ほどではなくなったようだが、以前の学校では必ず翻訳をさせられた。私が50年以上前に習った高校の先生が強調していたのは、「英語は後ろから訳す」ということである。漢文のように返り点をつけながら読めというわけである。そうなるのは、日本語のSOVと英語のSVOとでは、語順、つまりシンタックス（syntax）が全く違うからである。これは目的語Oでなくても、補語Cでも同様である。そこでそれを日本語の順に並べ替えるのはセンテンスの終わりまで行かないと出来ない、とその先生は言っていたのである。

　ところがセンテンスの終わりまで話されたときには、次のセンテンスが始まっているのだから、翻訳をしながら聴くと、相手が話すのについていけるはずがない。そのようなことは主文だけでなく、関係代名詞で結ばれた副文なら、長いからなおさらである。それを終わりまで聞いて「〜であるところの〜」と訳しなさいと習った。会話でなく訳読なら、自分のペースで訳せるから、それも可能である。しかしそれでは面倒で、読

む気がそがれる。さらに悪いことには、そのような癖をつけると、影響は聴き取るときにまで及ぶ。

話される順序のままに理解していこう

だから英語を使えるようになるためには、翻訳してはならない。述べられた、ないしは読んできた途中のところまでを頭から理解して、繫いでいくことを身につけなければならない。そしてヨーロッパ語での発想法はそれに向いている。大切なところから先に述べる習慣がある。これは言葉のレベルでも、文脈のレベルでも、長い論を展開する場合でもそうである。

Yes／No がはっきりしているのも、それと関係がある。最初に No と言われれば、その後に not のある否定文が来るに決まっている。それも初めのうちに出てくる動詞 V につく。ドイツ語のように SOV 的なものでは、nicht（＝not）が動詞 V と共に文末に来ることがあるが、それでも最初に Nein（＝No）、と言われているので、そのことが予測出来、最後になってどんでん返しをくらうわけではない。

そんなことを言われても、日本人にはついていけないと思うかもしれない。しかし考えてみると、われわれはそれにも慣れている。漢語（漢文）は SVO だか

Ⅲ．翻訳してはいけない

らである。「不」、「無」、「非」など否定の語が先に来るのも、英語と同じである。読書（する）は「書を読む」、署名は「名を書きしるす」、押印は「印を押す」ことだし、不払は「払わない」、無料は「料（はか）らない、料金がない」、非常は「常（のよう）でない」である。「私は本を読む」でも、「私は読む本を（I read a book）」でも、どちらでも良いという気になれば、別に難しくはない。

否定の言葉の使いかた

Yes／No の話が出たついでに触れておこう。肯定か否定かということは、大変重要なことだからである。

それ自身が否定の意味を持つ言葉については、そのとらえかたというか、使いかたは言語によって異なる。日本語で「何もない」と言うとき、「も」は続いて否定する語があることを予測させる。英語では Nothing is there. と言うが、「何もないもの」が「ある」というわけである。ドイツ語では kein という否定の意味を持つ不定冠詞がある。keine Arbeit というのは「失職（職を失う）中」ということである。

ヨーロッパ語がそのようになっているのは、肯定的な語ないしは概念があると、それに対する否定的な

（反対）概念を表す語も、対になって存在するからであろう。例えば encourage（勇気づける）に対して discourage（落胆させる）である。英語では初めの部分を除いて、どちらも同じ言葉（courage）ないしは概念からなる。それに対し、日本語は音の全く異なる語が対になっている。

ただ、否定との関係には、言語による違いがいろいろあることも知っておいたほうがよい。例えば「何もない」と言うとき、英語では Nothing is there. とか There is not anything. とかで、否定の語は繰り返さない。それに対し、ロシヤ語では Ничего нет. である。単語だけで対応する英語に入れ替えると Nothing there is not. になる。

否定の疑問文に対する答えとしての Yes／No にはやや難しいところがある。英語では Do not you like it? に対して、好きなときは Yes、好きでないときは No である。日本語だと、どちらでも「はい」とも「いいえ」とも答えられ、あいまいなことがしばしばある。どちらなのかは、それに続く文で判断してくださいとか、状況や答えかたの調子で判断してくださいということになる。つまり「はい／いいえ」にはヨーロッパ語ほどの重みはない。むしろ、「はい」という

のは、「あなたが想像しているとおりです」というのに近い。

　ドイツ語ではJa（ヤー）／Nein（ナイン）が英語のYes／Noに、ほぼそのまま対応する。だが、「あなたは好きではないのか」という否定的疑問文に対して、「いや、好きだ」と答える場合には、Doch（ドッホ、だがしかし、それでも）を使う。これは、相手の想像を慮って答える日本語に似て見えるが、Jaを意味している場合にしか使わない。嫌いなときはNeinと言う。

子供は翻訳出来ない

　およそ40年前、私は幼い娘を連れてアメリカで暮らしたことがある（最初は幼稚園児だったが、帰国時には小学生）。彼女は外で遊ぶときやキンダーガルテン（ドイツ語のKindergarten、子供〔Kind〕たちのGarten〔英語のgarden〕だが、ドイツ語を知らない人はキンダーガーデンと発音する）、つまり幼稚園ではもちろん、英語で話した。しかし家では日本語を話していた。

　ある日その娘が外でけんかをして帰ってきた。何が起こったのか尋ねてみたのだが、彼女は日本語では説明出来ないのである。英語でしたけんかは英語でしか

説明出来ない。これは、子供は翻訳という作業を行っていないことを意味する。つまり日本語と英語は、子供のときから使っていると、脳の違う場所で処理されるようになる。バイリンガル（bilingual）というものである。

日本語と英語はパラレルプロセッシング

　コンピュータの言葉で言うと、ふたつの異なる演算を異なるプロセッサーで同時にやるのは並列処理である。キーボードで日本語を打つとき、私はすでに30年ほどカナ文字でインプットしている。英文タイプライターは20歳になる前から打っているので自由に使えるのだが、ローマ字インプットにはしない。私は理科系の人間だから、日本語で書いていても外国語や数式記号などのラテン文字やギリシャ文字が混ざってくる。そのときに、ローマ字と外国語との切り替えだと混乱が起こるが、カナ文字とラテン文字だと何も意識せずにスムースに切り替わるからである。その上、カナ文字入力だと、ローマ字に比べて押すキーの数が半分で済むという特典がある。

　話が脱線するが、カナ・漢字変換の辞書に登録するときにも便利である。例えば「あり」に「有難うござ

います」を登録しておくと、インプットはキーふたつ（2 strokes）と変換を押すだけで済む。そしてカナ文字の 2 strokes は、2500（＝50×50）個ほどの単語（短文）を区別出来る。ラテン文字の 2 strokes（＝26×26）に比べると 4 倍も区別出来るから、カナ文字なら変換辞書には 2 文字で登録しておくだけで十分に実用になる。ついでに言うと、ラテン文字なら子音だけで略記すると、同じ文字数でもより多くの語を区別出来る。メモを取るときのコツである。

　そのような入力方法を長年続けてきて分かったことは、日本語でインプットするときと英語でインプットするときとは、独立に、脳の異なる場所で分担して処理が行われているらしいということである。だから日本語の文章の中に英語が混じってきても、混乱が起こることなく、指が無意識に対応する。情報を処理する脳の部分が無意識のうちに切り替わっただけなのである。

　日本ではローマ字入力をする人が多いようだが、ローマ字でインプットする人は、例えば「アインシュタイン」という語をインプットするときに、どのように脳が働いて、ainsyutain と複雑に指が動くのだろう。私なら混乱してしまう。ラテン文字を打つのなら、ド

イツ語で Einstein としか出てこない。それは英語などを打つときには、アルファベットを 1 字ずつ打つのではなくて、綴りの意識なしに、ひとつの意味を持つ単語として打っているからである。字画の意識なしに漢字を書いているのと同様である。

翻訳するなら内容を

　先に「翻訳してはいけない」と言ったのは、聴いたり読んだりしている最中に、すなわち「話がある速さで流れている最中に翻訳しないで」ということであった。いっぽう、日本語で読む人のために翻訳しなければならないこともある。ここで述べようとすることは、翻訳するには単に言葉としての外国語が分かっているだけでなく、内容が分かっていないとだめだということである。いくつかの経験例を述べる。

　かつてある出版社の編集委員会から頼まれた。「フランスの事典を翻訳するのに、天体とか宇宙とかの項目をある人に依頼したのだけれど、何かおかしいので見て欲しい」ということであった。依頼された人は物理学者であったらしいが、天体現象に関する項目には多くの誤解や筋のとおっていないところがあった。そういう箇所の数は赤字を入れて訂正するくらいでは済

まず、書直しが必要だった。そこで、翻訳者を変えてやり直してもらってくださいと言うことにした（その結果、キチンとした翻訳が出版された）。

　編集委員会に尋ねたところ、最初に依頼された訳者はフランス語の大変得意な人だということであった。私が言ったのは、フランス語の堪能さはほどほどでもよいから、内容のキチンと分かる人に選び直さないといけないということであった。

　放送大学でテレビ番組を作るとき、外国人とのインタビューなどでは、画面に日本語の字幕を入れなければならない。数十分にわたる話を日本語の文字にするのは、結構な時間がかかる仕事になる。そこでディレクターに勧められて、そういう翻訳と文字化を有料でしてくれるところに依頼することにした。ただし理科系の番組では専門用語が出てくるから、用語の対訳集をつけて欲しいということであった。どのくらいのものを専門用語と言うかは、翻訳する人の知識との関係で決まるが、100個を超えるものを用意した。

　ところが、翻訳されて返ってきたものは、使いものにならなかった。話の文脈上から大切なところの多くが抜け落ちたり、間違った話になっていたりである。まあまあの翻訳は日常会話のレベルのところだけだっ

た。そして役に立ったのは、それぞれの画面に入れられる文字数はいくつくらいまでかという情報のみだったのである。もっとも、そのようなことになってしまったのは、内容が理科系だったからということが大きい。日本では人によって文化への理解が偏っているからである。

　日本人が書いた英語をネィティブの人に直してもらうときにも同様のことが起こる。科学では、世界中の誰でも読めるように、論文は英文で書くのがふつうである。日本で出版している英文の学会誌の場合、編集委員会がネィティブの人に依頼して英文を直してもらうことがある。一応はその分野に近いことを専門にする人に依頼している。しかしその結果は、ふつうの文章のところではなるほどと思うような直しかたがしてあるが、肝心のところはピンボケの直しかただったり、間違った意味に変えられたりしていることが少なくない。理由は簡単で、論文というのは、それまで考えられていなかった事実、解釈、体系について書くものだから、直す人がその内容を正しく理解し得る人だとは限らないということにある。

　投稿された論文はピアー・レビュー（peer review）に回される。Peer とは地位などが同等の人、同じ専

門分野の人のことで、その人が referee レフェリー（審査員）として review 査読する。私の友人で、投稿経験があまりない人の投稿した論文が外国人のレフェリーから返されてきた。投稿者はレフェリーのコメントに従って書き直して編集委員会に送り、それがレフェリーに再送された。ところが、それがレフェリーを怒らせてしまった。

　私は投稿者から、「Minute comments を有難うございました」と書いたのに、何がレフェリーを怒らせたのだろうと相談を受けた。レフェリーはこれをミニット（分、ちょっとの間、議事録）と読まずに、マイニュート（取るに足りない、ささいなこと）と読んだらしい。前者では意味が通じないからである。投稿者は「仔細にわたりコメントしていただいて有難うございました」と言うつもりだったと言う。しかし細かいと言ってもいろいろある。Minute なら「細かいことばかり言いおって」という嫌味になる。細かいところまで気が行き届いて良いというのは fine である（fine work とか fine art という言葉からも分かる）。Minute は、むしろ逆のニュアンスの言葉である。

　古い本で恐縮だが、S. Hayakawa 氏が編集した Reader's Digest, Use the Right Word: A Modern

Guide to Synonyms (1968) の p.378によれば、"the word（形容詞としての minute のこと）may emphasize that something is small to the point of having no significance or value."とある。

　先の投稿論文のケースは、表現したい内容と単語が一致しなかった例である。和英辞書を見ながら、自分の知らない語や、日本語との概念の対応関係が1対1でない語（ほとんどの語がそれにあたる）を混ぜて訳すのなら、用例まで見たり、読み取った理解を英英辞書で確かめたりしながらやらないといけない。

　まとめて言うと、翻訳ということは、元の意味内容を別の言葉で言い表すという作業であり、言葉の、ましてや単語の置き換えではないということである。だからこそ、コンピュータを使う機械翻訳のソフトを作るのは、大変に難しいのである。

Ⅳ. 内容のある話のほうがよく分かる

話は音よりも内容で通じる

 アメリカに住んでいて子供をプールに連れていったときの話である。プールでの安全を看視している人が何かの注意を短い言葉で皆に与えた。私には、彼が何を言っているのか聞き取れなかったが、子供はキチンと聴き取っていた。子供は音だけで聞き取っているが、大人になると意味内容をとおして音を判断しているということである。

 だから何の話が出てきそうか分かっている場合を除くと、単に単語を発せられたようなときは、大人には聴き取りにくいのである。しかし文や文章になっていて内容があると、聞き取れない言葉でも話の辻褄が合うように聴き取ってしまう。勝手に想像してしまうというほうが正確かもしれない。これは、日本語の場合も常に経験することである。逆に、発音が必ずしも正しくなくても、内容さえあれば通じるということでもある。

 このことは、両面の効果をもたらす。地下鉄の車内のような激しい騒音のもとでも意味のある話は聞き取れるという良い面と、自分の都合の良いように誤って聴き取ってしまうという悪い面である。例えば、駅の

名前などは自分の知っている地名として聴き取ってしまう。

　だから音が通じなかったときには、同じ内容のことでも異なる語彙と構文を使って、より豊富な内容にして言い直しなさいということになる。音だけでは通じなかったのだから、同じ言葉を再び繰り返しても通じるはずがない。これらのことは、日本語でも、コミュニケーションを成り立たせるのに大切なことである。

話の構成は単純に
　内容を文に構成するときに大切なのは、より広い概念が最初に出てきて、その後で、より詳しく絞られていくことである。パソコンで多数のファイルを整理するとき、ツリー（tree）構造という階層構造を作って分類していくのと同じである。まずは根（root）、幹、次いで枝、小枝、葉というわけである。話が互いによく分かっている場合とか、単純な話ならよいのだが、最初から「葉」のレベルの話を出すと、何のことだか分からない。

　インターネットなどで使われる「ホームページ」という言葉の home は、本来、その人のページの root で、そこから入って辿っていく入り口のことなのだが、

今では単にインターネットのウェブ（蜘蛛の巣のように張り巡らされている、ネットワークで繋がっているもの）の個々のページという意味に使われている。ある特定の人のものでなく、あるテーマに関する集まりの入り口のことは、ポータル（portal、port は港のこと）と呼ばれるが、これもそのテーマでの root にあたるものである。そしてそれらの root から始まって、階層構造的に検索していける。

　このような階層構造の作りかたと使いかたは、数学の集合論的な概念と演算に従って構成されているのだが、最近はインターネットの検索エンジン（例えば Google や Yahoo）の効率良い使いかたとして、多くの人が身につけている。そして、その順序で理解も進むことに慣れると、話の展開に応じて、枝までなら枝、小枝までなら小枝まで、途中なら途中までなりに理解していける。そのように構成すれば、聞く人は話の流れに素直についていける。

　このような発想法は、書きものをまとめるときも同様である。英語で論文を書くときの第 1 節には、取り上げる問題のよって来るところを最初に、次いでその論文で言いたいこと（結論）を記述し（introduction and summary とか introduction and conclusion と言う）、

第1節以降でそのような結論になる根拠や理由を述べる。そして最後に話をまとめて、結論を再確認する。このような展開のしかたは、最近よく話題になるプレゼン（presentation のこと）の進めかたと同じである。

　これは、理由をいろいろと述べてから最後に答えを（しかもぼかしたりして）言うという、日本語での話の進めかたや順序（日本の文化）とは逆である。日本語式の順序だと、どういうつもりで理由がこね回されているのか、どういう点に注目しながら理由を批判的に見ていけばよいのか、一体何が言いたいのか、途中まで読んだだけでは分からない。英語での展開では、途中まで読んだら、そこまでのことはそれなりに、つまり話の展開の順序どおりに分かる。

　この「順序どおりに」というのは、文章（多くの文からなる）の順序についてだけでなく、その中のひとつの文についてでも、そうでなければならない。すなわち文末のピリオドまで来なくても、その途中までならそこまでで、それなりの理解が出来るように作らなければならない。このことは、話し言葉の場合には、その前の言葉が消えてしまっているから、特に重要である。

　だから日本語で考えたり、話を作ったり、書いたり

してからその順序どおり英語に翻訳すると、結論より個々の事柄に関する内容が先に来てしまい、話の展開が逆茂木になる。それを構成し直すのは、言い直し、書き直しに近く、大変な作業になる。だから英語でコミュニケーションをするのなら、最初から脳の英語領域で考えて、英語で発想したほうがよい。

外国語の難しさは語順よりも語彙にある

　そうは言うものの、どのようにすれば、順序どおりに作文したり、理解したり出来るようになるのだろうか。

　日本語と同じ語順になる例は、韓国語である。それは日本語と同じくSOVである。O（目的語）そのものではないが例を挙げると、タクシーで「空港へ行ってください」というのは、「コンハン（空港）エ（へ）カ（行って）ジュセヨ（ください）」になる。単語を日本語の順序のまま置き換えただけのものである（syntaxが同じと言う）。だけどわれわれにとって、これも結構難しい。語彙とその音との対応が難しいからである。英語の場合でも、語順よりも語彙の方向が難しい。話の途中で分からなくなるのは、語順より、むしろ知らない単語が出てくるからである。

知らない単語が出てくると、聴き取れないだけでなく、そこで何のことだろうと思う。するとその間に話は進んでしまって、理解の流れに取り返しがつかなくなる。どうすれば良いのだろうか。

　私たちが日本語を聞いたり読んだりするときにどうしているか、見直してみよう。実際には、私たちは全ての語を聴き取っているわけではない。まして自分の知らない事柄、新しいことの話では、知らない単語や語彙も出てくる。そのとき私たちがしているのは、それらを適当に聞き流し、残りの聴き取れた言葉で辻褄の合うように話を構成して理解しているのである。決して、聴き取れない語彙のところで立ち止まったりはしない。その後を聴き取るから、取れる情報量も多くなるし、それを使って話の全貌(ぜんぼう)を自分で作り出すことも出来る。

　もちろん、そのために理解が不十分になったり、部分的に誤解するもとになることはある。しかし立ち止まったために、その後が全部分からなくなってしまうよりも、はるかに良い。会話のときはその点を聞き直すことも出来る。そのとき、聞き返されたほうは同じ単語を使って復唱するのではなく、同じ内容でも異なる語彙を使って言い直すことに心がけねばならない。

Ⅳ．内容のある話のほうがよく分かる

その語を知らないので聞き取れなかったからである。

　このような言い直しを受けることをとおして、元の分からなかった語彙も身につき、言語活動が広がっていく。だから日本語は辞書を真面目に引かなくても、その人の語彙が増え、身についてきたのである。

　もうひとつ大切なことは、言葉の構造や成り立ちについての感覚を養うことである。言葉が持つ世界を知ることだと言ってもよい。日本語の場合には、それはいつの間にか身についてきた。だが外国語の場合はより難しい。その理由は、文化圏の異なる外国語では、概念構成ないしは概念の切り分けかた、切り分けられた概念とそれに対応する単語すなわち語彙が、日本語の場合とは異なるからである。中学生や高校生は単語帳を作って単語を覚えようとするが、それには無駄が多い。そもそも日本語と英語では、単語が１対１に対応しているのではないからである。

　ここで述べたことは、外国語を身につけようとするときに、極めて重要な点である。いろいろな側面もあるから、節を改めて、順次考えていこう。

V. いろいろな外国語から学ぶ

いろいろな外国語を知ると英語も分かるようになる

　最近はグローバル化が進んで、英語が国際的な標準語になってしまった。誰がそう決めたわけでもないが、事実上 (de facto) の標準、デファクト・スタンダードである。この de facto ということは、ラテン（系のフランス、スペイン、イタリア）語を端くれでも知っていればすぐに分かる（英語で対応する単語は of fact）。

　近頃の国政選挙はマニフェスト選挙と言われ、各政党がマニフェストを述べる。テレビを見ていると、マのところにアクセントを置く人と、フェのところに置く人とがある。前者は manifest で物事を明らかにするとか、証明する、表すという意味である。後者は manifesto と綴り、政策、宣言（書）、声明（書）という意味である。英語でもそのように区別して使われている（辞書にもそう書いてある）。

　Manifesto のほうはもともとがイタリア語（だから最後に母音 o があったり、そのひとつ手前のフェにアクセントがあったりする）で、さらにその元はラテン語の manifestum である。英語として使われたのは 17 世紀のイギリスに遡るとのことである。歴史的に最も有名なのは共産党宣言 Manifest der Kommunistischen

Partei（1848）であるが、ドイツ語では Manifest となっている。ただドイツ語では manifesto の意味で使われるのがふつうで、アクセントもフェのところにあるので違和感はない。英語の manifest の意味で使われるのは、erklären（klar にする、klar は英語では clear）という語がある（動詞になるので a にウムラウトがつく）。

　日本語の「マニフェスト」は「公約」という意味で使われ、政権を取ってから実現出来ないときにはそれを「破った」というふうに言われる。しかしもともとの Manifesto のほうには、約束という意味はない。単に「こうしたい」とか「こうするぞ」とかを、政策として声明し、宣言したもののことである。だから上に挙げた例は共産党「Manifest＝宣言」なのである。それに対し、公約にあたる英語は、(official) pledge、commitment、platform などである。

　ここで挙げたような相互関連は多岐にわたる。ヨーロッパのいろいろな言葉は、それらの文化の融合の中で育ってきたからである。

　日本では英語が幅を利かせているが、他の外国語単語もいろいろな場面で使われている。特に商品名などでは、目新しさを強調するためか、多用されている。例えばイタリア語の caffellatte（カフェラッテ）は単語

Ⅴ．いろいろな外国語から学ぶ

としては café au lait（〔仏〕カフェ・オ・レ）、milk coffee（英）と同じである。レストランなどの名前に使われる casa（〔スペイン〕カーサ）は house と同じである。Cafetería／caffetteria（カフェテリーア）はスペイン語／イタリア語。この -ria という語尾は何とか「屋」という意味である（ドイツ語では -rei、英語では -ry にあたる）。かつてあった職業紹介の雑誌「Beruf」というのはドイツ語で職業、自動車の Raum というのはドイツ語で部屋、空間（〔英〕room）という意味である。

　自動車の名前になると、ひどいのがいろいろある。かつて私が使っていた Starlet（〔英〕小さい星 -let をつけると小さいものの意）という車種の型名は Soleil（〔仏〕太陽）だった。太陽が出ると小さい星は消えて見えなくなるというのに。それでも語彙はいろいろと膨らみそうだから、目くじらを立てずに楽しむことにしよう。

アルファベットと文字のいろいろ

　他のヨーロッパ語の話が出てきたついでに、文字のことも見ておこう。ここで言いたいことは、ヨーロッパ語に限っても、言語によっていろいろなアルファベ

ットや文字があり、同じ文字でも対応する音が異なったりするということである。だから、いろいろな言語的背景を持つ人が英語をそれぞれに間違えることがある。そういうことを知っている人は他人の間違いに対してもおうようで、適当に理解してくれるから、あまり気にすることはない。

アルファベットというのは、ギリシャ文字のA、B、…（対応する小文字は $α$、$β$、…。アルファ、ベータ、…）から来た言いかたである。英語の文字はラテン文字から来ている。ギリシャのほうが歴史は古いのだが、分かりやすいようにラテン文字から見ていこう。

ラテン語の基本文字は23個しかない。英語の26文字からJ、U、Wを除いたものである。航空機の座席番号でHの次はJに飛んでいるが、ラテンの伝統でもあり、ヨーロッパではあまり気にしない。IとJは紛らわしいからということもある。ドイツ国鉄のIngolstadt（インゴルシュタット）という駅の表示は、IでなくJで始まるJngolstadtと混ざっている（Stadtは都市cityのこと）。

ラテン語には、初代皇帝のアウグストゥスのように、最後に〜ゥスのついている語が多い。英語では -US と書くが、ヨーロッパで見る石碑などでは -VS とな

っている。Uがないのは、石に彫りにくいからだという話もある。

　Wは英語ではダブル・ユー（UU）であるが、フランス語ではドゥブル・ヴェー（VV）である。ラテン語にWがなかったくらいだから、どちらでも大したことはない。それどころか、フランス語ではWには基本文字としての地位がないので、アルファベットは25文字からなる。

　ラテン系の典型と言ってもよいスペイン語は数えかたによって29文字とも27文字とも言われる。辞書ではLの次がLL（Ll、ll）でひとつの文字とも見なされる（ちなみにオランダ語にはIJ、ijという文字がある）。その音は、例えばカリフォルニア（以前はメキシコ領）のLa Jollaはラホイヤ、錠前を開けるキーはllaveと書いてヤーベと読む。その後はM、Nと続く。Nの次はNの上に~（チルダ）のついた、エニェである。ペルーの沖から赤道へ向かって流れる海水の温度に対応してel niño（エル・ニーニョ：男の子）やla niña（ラ・ニーニャ：女の子）があるのをご存知だろう。海水面の高温域や低温域につけられたnicknameあだ名（あざ名）で、日本にまで気象の異常をもたらすと言われる。

ギリシャ文字系統のアルファベット

現代のギリシャ文字は24文字からなり、ラテン文字とはかなり異なる。そしてスラブ系統の言葉は、ギリシャ的である。ロシヤ語を表記するキリル文字は、ギリシャ文字を基礎として作られている。ロシヤ文字は33の文字と記号からなる。ラテン文字にも含まれているが、使いかたの大いに異なるもののうちで、ギリシャ文字とロシヤ文字に共通の字体のものには、H（ギリシャ文字でイータ／ロシヤ文字でエヌと読む）、P（ロー／巻き舌のエル）、X（カイ／ハー）がある。キリストはΧΡΙΣΤΟΣ/ХРИСТОСと書き、教会の扉にあるXとPの重ね文字はこれから来ている。Pはピーとかペーではないのである。ギリシャ文字のΣ（シグマ）とロシヤ文字のC（エス）は、ラテン文字のSにあたる。以前にあったソ連はCCCP（エセ・セ・セールと読む）でその逐語英訳がUSSRである。

字体自身がラテン文字にないものも、いくつもあるが、ギリシャ文字とロシヤ文字に共通の大文字は、Γ（ガンマ／ゲー）、Δ（デルタ／デー）、Λ（ラムダ／エリ〔またはエル〕）、Π（パイ／ペー）、Φ（ファイ／エフ）がある。近頃、デザイン化したつもりでラテン文字の

V. いろいろな外国語から学ぶ　　59

AがΛと書き表されていることがあるが、これは読みづらい。Mをロシヤ文字Ш（シャー）の上下反転したもので表したりしているのがある。なおmはロシヤ文字の小文字筆記体ではテーで、その活字体はтである。同様にnはロシヤ文字のП（ペー）の小文字筆記体で、エヌ（H）ではない。またνはギリシヤ文字のN（ニュー）の小文字筆記体で、ラテン文字の小文字のvではない。物理学や電気工学ではギリシヤ文字をよく使うが、本の校正刷を見るときに、いつも悩みの種になる。

　1963〜69年の株式会社東レのロゴは、現在のTorayと違ってTorayというデザインになっていた。これは、ロシヤ語としてはトガーチと読むのが自然である。なお、ロシヤ文字のyはウーである。

　ロシヤ文字にはラテン文字を裏返しにしたような文字もある。И（イー）、Й（イー・クラトコエ）、Э（エー）、Я（ヤー）である。日本でも幼児がかな文字を裏返しに書くことがよくあるが、ToysЯUsという玩具メーカーはその手をまねたのであろう。

　ちなみに、ロシヤ文字のE、eはイェーで、その上にドイツ語のウムラウト（¨）のようなふたつの点がついたものはヨーである。

またЙは音としては半母音でイー・クラトコエ (и краткое) だが、字母としてはイー・ス・クラトコイ（またはクラトコユ）である。クラトコエの-コエは краткий（クラトキー：短いという形容詞）の中性主格の活用語尾である。一方、ス (c) は英語の with にあたる前置詞、-コイ（または-コユ）はクラトキーが女性名詞化して краткая（クラトカヤ〔三日月形の〕短音符のこと）になったものの造格語尾である。ロシヤ語は、こんなふうに複雑に活用する。

難しい発音 g、j、ll、x、z

　まずは g。オランダ語やスペイン語、イタリア語では、g はグにならないことのほうが多い。というより、ほとんどいつもグになるのは英語とドイツ語くらいであり、英語式に慣れた人にとっては難しい。波のことを研究したホイヘンス Huygens というオランダ人があるが、高校の教科書でも、英語式の読みかたでホイゲンスと書いてあったりする。第2次世界大戦の頃、g の入った言葉を発音させてみて、オランダ人かナチスのドイツ人かを判定したという話もある。

　オランダに王立コンセルトヘボーオーケストラ (Koninklijk Concertgebouworkest) というのがある。オ

ランダ語は英語とドイツ語が混ざったような言葉であるが、Concertgebouw をそのままドイツ語に対応させると、コンツェルトゲボイデ Konzertgebäude＝Konzertsaal、英語では concert building＝concert hall である。

　Jも変わった発音に対応する。ドンキホーテは Don Quijote もしくは Don Quixote であり、前述のように、カリフォルニア州にある La Jolla はラホイヤと読む。Jをジと読むのは、英語に特有である。同じゲルマン系のドイツ語でも、Jはむしろヤであり、Japan はヤーパンである。

　Xもそうである。スペイン語圏の国 Mexico は、日本では英語流にメキシコと呼ぶが、スペイン語ではメヒコである。同様なことがZにも当てはまる。英語ではズであるが、ドイツ語ではツ、スペイン語ではむしろスである。ビール cerveza はセルヴェッサ。Impreza という名前の自動車があるがインプレッサと読む。スペイン語の LL (ll) については、すでに述べた。

　このように文字の読みかたも言語によっていろいろと異なる。だからいろいろな言葉は、それぞれの国で、お国なまりに読まれる。アメリカの百貨店で Hecht

(ヘヒト。百貨店にはドイツ系起源のものが多い)というのがあったが、アメリカ人はヘクトと読んだ。同様に、作曲家のBach（バッハ）はバックと読む。それでも言葉は通じている。要はsituationと文脈と善意や寛容さ次第なのである。

固有名詞の読みかたは気にしない

　固有名詞の読みかたも、国によっていろいろである。以前の日本では、漢字文化圏の人の名前は日本語式に読んでいた。しかし近年は、やはり元の言語に近い音がいいということになった。典型は韓国人のイさんである。韓国でも昔は使われていた漢字で李と書いたのを、中国語ではリー、日本語ではリと読んだ。韓国人自身がLeeと綴るから、英語ではリーさんになる。しかしハングルで書くと、イさんとしか読めない。

　日本は漢字として読まれると、ニホン、ニッポン、リーベン（中国）、イルボン（韓国）になる。横文字ではジャパン（英）、ジャポン（仏）、ハポン（スペイン）、ヤーパン（独）、ヤポーニヤ（露）などと呼ばれている。マルコポーロは『東方見聞録』（1300年頃）でCipangu（日本語ふうではジパング、英語ではJipangu）を紹介したが、日本を西洋に広く紹介したのは16世紀のポルトガ

ルである。ポルトガル語の Japão の J が他の言語でも継承されて、ジヤヤになったのであろうか。

スイスはフランス語では Suisse スイース、英語では Switzerland であるが、お隣のドイツでは Schweiz シュバイツという。黒海とカスピ海の間にグルジアという国があるが、それを英語ではジョージアと言うし、ドイツの Bayern バイエルンを英語ではババリヤと言うし、ジョージアと言う人まである。ギリシャの国名はエラーダ、古典語ではエラス、そのラテン文字綴りは Ellâs である。これはヘレニズムという文化名と関係している。古代ギリシャの文化がアレクサンドロス（アレクサンダー、イスカンダル）大王の遠征をとおして東方に伝わり、アラビア文化と融合し、アフリカ北部をとおしてスペインにまで広がった。フィンランドの国名は Suomen tasavalta だが、通称は Suomi スオミである。

西欧文明で同じ起源の名前でも、言語によっていろいろな読みかた、呼びかたがある。例えば Catherine はキャサリン（英）、キャスリン（英）、カトリーヌ（仏）、カタリーナ（独、スペイン、ギリシャ）、カテリーナ（伊）、エカチェリーナ（露）という調子である。その愛称になると、英語ではケイト、ケイティー、キャ

シー、ロシヤ語ではカーチャ、カーチカ、カチューシャといった調子である。日本語名の呼びかたでも愛称がいろいろあるのは、ご存知のとおりである。

都市の名前は、支配勢力などによって歴史的に変わる。以前にペテルブルグ（ピョートル〔ピーター〕の城塞都市、Burg はドイツ語）であったのが、その後ペトログラード（グラードはロシヤ語でゴーロド、つまり都市のこと）、レニングラード（レーニンの都市）になり、ソ連崩壊後はサンクト（聖＝ロシヤ語だが、他の言葉では、セント、サン、ザンクト）ペテルブルグとロシヤ語以前にまで戻しすぎてしまった。最近のインドでムンバイ、チェンナイと呼ばれる都市は、それぞれボンベイ、マドラスであった。

同じ人名でも国によってかなり異なる発音をする例も多い。例えば日本語のドストエフスキーやトルストイは、ロシヤ語ではダスティェーフスキとタルストォーイである。アクセント（ロシヤ語ではウダレーニェ、力点）がない O は A に近い発音になる。テレビでプーチンが「テラリスト（テロリストのこと）」と言っていた。明治時代に、「ギョエテとは俺のことかとゲーテ言い」という川柳があった。

イギリス（スコットランド）の Edinburgh はエディ

ンバラと読む。もともと、burgh はスコットランドの自治都市 borough のことだったからである。しかしイギリス人以外にとっては〜バラと読むのは難しく、他の国ではエディンバーグと言う人も結構いる。

　イタリアの空港では、行き先表示のディスプレーで、London-Londra と、最後の 2 文字だけが交互に入れ替わっていた。2016年のオリンピックの開催地を IOC はリオ・デ・ハネイロ（Janeiro の川）と発音して発表していた。

　それでも互いに気にしない。つまり、そのくらい発音が違っても言葉は通じるし、そういうことにはおうようなのである。文化や言語には多様性があることを知り、尊重しているからである。

　だから、細かい違いにこだわる必要はない。それなのに日本では、細かい違いにうるさい人が多い。放送大学に勤めていたとき、そのような違いを挙げて、「どちらが正しいのですか」という質問票がたくさん来た。日本では細かいことが試験問題に出され、採点されてきたせいであろうか。回答は、もちろん、「どちらでも良い」である。

VI. 音よりも重要な語彙

歳を取ると聴き取りにくくなる理由

歳を取ると耳が遠くなる。それにはふたつのことがある。ひとつは、音を聞く器官の感度が全般的に落ちてくる。これは話し声や器機のボリウム volume（音量）を上げることで補われる。補聴器で音を増幅するだけでよい。

もうひとつの、そしてもっと大切なことは、振動数（周波数、単位は Hz ヘルツ）の高い音（高音）に対する感度が、より大きく落ちてくることである。その結果、バイオリンの音がボワッとした聞こえかたになってしまう。その効果は話し声のように「平均としては」低い周波数（200〜400ヘルツ）の音にも現れて、正確に聞き取れなくなってくる。話し声の音域は平均としては低くても、音の詳細が周波数の高い成分を含んでいるからである。そしてモゴモゴした発声のようになり、何を言っているのか分かりづらくなる。

それに対し、若いときには440ヘルツ（ピアノでよく使う音域での「ら＝イ＝A」の音）の5オクターブ上でも、容易に聞き取れる。だから赤ちゃんがテレビのそばに長時間いると、刺激が強すぎることになる。そのことを利用したのが、モスキート mosquito（蚊）音で

あった。夜な夜な公園に集まって騒ぐ若者を追い払うために、成人には聞こえないが若者には聞こえる高い周波数の大音響を流す装置が作られて、人道問題を起こしたことを覚えておられるだろう。

言葉は音の聞き取りだけで理解されるのではない

　脱線してしまったが、話を戻そう。上に述べたのは音を「聞く」話であったが、問題はそれから意味や内容を「聴く、聴き取る」ことである。高齢者の聴力を補うものに補聴器がある。高価な補聴器は、いろいろな周波数に対して使用者の聴力の落ちかたを補正するように調節してくれる。雑音部分を取り除く（逆位相の音で打ち消す）noise canceller つきのものもある。しかしずいぶんとお金をかけても、必ずしもよく聞こえるようにはならない。それには、高齢者の耳が遠くなるもうひとつのさらに重要な要因が関係している。「言語明瞭・意味不明瞭」ということがある。話される単語は明瞭でも、話の辻褄が合っていないので、言いたいことがよく分からないということである。ここでの問題は、それよりもう一段戻る。音は明瞭だが、単語にキチンと結びつかないということである。

　われわれが日本語で話しているとき、日本語の音は

正しく発音している。しかし聞き手はその音を全て聞き取って再構成しているわけではない。単語のレベルでも、文のレベルでも、重要と思われるところだけをキチンと聴き取り、そうでないところは聞き流している。そして重要な言葉の間を自分で補完（補間）しながら意味を再構成して理解している（だから間違った聴き取りかたをしたり、都合の悪いところは聞こえなかったりすることがある）。歳を取ってそのような再構成力が落ちてくると、何を言っているのか「聴き取れなく」なるのである。これは補聴器では補えない。

　もともと、人間の言語能力はそのように鍛えられている。そのような意味論的 semantic な聴き取り能力が高いことを典型的に表す例として、地下鉄の中のように大きい騒音の中でも、意味のある話し声は聴き取れるということがある。補聴器を使ったら雑音ばかりが耳障りになったというのは、意味論的な聴き取り能力が落ちてきたことを示唆している。

　慣れていない外国語に対しては、その言葉に対する意味論的な聴き取り能力、すなわち把握力が低いから、同様なことが起こる。それを克服しようとするとき、単に音を正確に聞く能力を磨くだけではピンボケである。より大切なのは、外国語単語の語彙とそれぞれの

語に対応する概念（及びその体系）を脳の中に納めることである。逆に、これがあれば音自身が正確に聞き分けられなくても、話されている内容も想像がつき、「聴き」取れる。

話は語彙をとおして伝わる

われわれは音を聞き、それを自分の脳にあるいろいろな概念と照らし合わせて認識する。照らし合わせるべき語彙なり概念の集まりが脳の中にないと、何を言っているのか分からない。電車のアナウンスで知らない駅名を言われると、聞き損なったり、自分の知っている別の駅に結びつけてしまったりするのはその例である。自分の都合の良いように聞き取ってしまうのも同じ話である。

講義は聴講者が知っていない事柄や解釈について話すのだから、聴講者にとって新しい語彙が出てくるのは当然である。そして講義をする人は、その語彙に特に気を配って話の中に配置し、言い回さないと、単語の音だけで通じるはずがない。それを補うひとつの方法は、黒板への板書である。放送大学のようなテレビによる講義では、画面に文字でテロップを入れることが必須であるが、十分になされているわけではな

い。その点、一般のテレビ放送では適正に、大きい文字で入れられていて、分かりやすい。インタビューなどでは、答える人（interviewee インタビューイー、質問をするほうの人は interviewer 〜ワーという。-ee と -er という接尾語はそのように区別して使われる―例えば推薦 nominate されて nom- 名前を挙げられる人、被推薦者は nominee）が口をあまり開けずに話す人の場合でも、文字を見ながらだと聴き取れる。

　外国語で哲学の本、法律や契約の文書、コンピュータのマニュアルを読んでもよく分からないと言われる。しかし同じ内容のものを日本語（訳）で読んでも、同様に分からない。カントの Kritik der reinen Vernunft をドイツ語で読んでも分からないのは、分かるように書いてないからである。訳本の『純粋理性批判』を日本語で読んでも分からない。だから起こっているのは、外国語が使えないのではなくて、そこに出てくる概念・語彙・論理が分からないということなのである。外国語が出来ないと思って悲観することはない。

　逆に、概念・語彙・論理がツーカーであれば、外国語が下手くそでも伝わるという例に、科学者の国際研究会がある。それは英語で行われるのがふつうである

が、英語以外のいろいろな言語を母国語とする人たちが集まってなされる。そしてそれぞれのお国なまりの英語やイントネーションで研究を発表し、議論し合っている。その分野に関係のない人が聞いていると、何のことを何語で言っているのかいぶかるようなときでも、話はキチンと通じている。研究分野をとおして、お互いが共通の語彙や概念体系を持っているからである。それに互いに、議論してコミュニケートしたいという意欲に満ちた会話だからである。

Ⅶ. 異なる言語では語彙や概念の体系が違う

概念と単語の対応

　いろいろな概念とそれを表現する単語は、それぞれの文化の中で形成されてきたものだから、異なる言語ではその体系が異なっているのは当然である。概念の全てが構成しているものを概念空間と呼ぶなら、単語はそれを切り分けたものである。切り分けかたがそれぞれの文化で異なっている以上、異なる言語の間で、単語は1対1に対応するものではない。

　例えば本はbookだが、bookは本とは限らない。本という物そのものでなく、著作もbookだし、台本や脚本もbookである。それらは内容のことであるが、綴じ込んでまとまった束になったものもbookである。物でなくても、知識の源泉（そこから知識などが得られるもの）もbookである。切符を発行したり、予約を登録したり、予定や予約が登録されている（記帳されている）のもbookである。Bookingと言う。

　予約を登録するのがbookingなら、登録という日本語はbookかというと、そうではない。登録されるという行為や登録されているという結果を表現するのはregisterとかregistrationであり、参加することを登録してもらうのはentry、会員に「なったり」、学

校に「入って」名簿に登録してもらうのも entry、登録するという行為そのものは inscription である。

　Book のように具体的な物に結びつけられた単語でもそんな調子だから、一般的な概念や行為になるとなおさらである。Take や get になると、英和辞典にあるように、ずいぶん数多くの日本語単語に対応づけられる。文脈の中での使われようによっては、take は取る、選び（取る）、（取って）持っていく、連れていく、理解の中に（取り）入れる、思う、考える、解釈する、食べ物をお腹に（取り）入れる、食べる、写真を（取る、撮る）写す、時間や費用がかかる（時間を取る）、…などである。ここでは、対応する日本語概念の相互関係が分かるようにわざと（取る）という言葉をくっつけて示した。

　Take の取るという概念に副詞をつけると、take away は取り去る、〜back は取り戻す、〜off は外す、脱ぐ、飛行機が地面を外す＝離陸する、〜out 取り出す、（取って）外に持っていく（食べ物、料理を店から持って出る、持って帰る）、〜over 譲り受ける、引き継ぐ、〜up 取り上げる、始める、overtake 追い越すなどになる。これらを熟語と呼ぶ人もあるが、take という概念とその後につく副詞などはそれぞれ別の独立した

Ⅶ．異なる言語では語彙や概念の体系が違う

語であって、くっついたものと考えるのは日本語に対応させるための便宜上のことにすぎない。

　後につく副詞は他の動詞にもつくから、それらひとつひとつの組み合わせを別の熟語だと理解する体系を脳の中に持つと、熟語の数は掛け算的に増える。そうでなく、動詞と副詞に分けて理解し、各々に対応する概念体系を持つなら、概念の数は足し算的にしかならない。そのためには、例えば take という語は、ある振舞いかたを意味するひとつの概念として理解しなければならない。そして、その概念にそのまま対応する日本語の単語は存在しないのである。

　同様なことで、もっと単純な例を挙げよう。英語で climb up は（這って）登るだし、climb down は下るである。Climb 自身は日本語の登るにも下るにも対応していない。ガス、水道、電気などで、turn（switch）on/off というのも同様である。Turn（switch）であることが自明のときは、on または off だけで表示されているのはご存知のとおりである。

　接頭語的に区別する語もある。ドイツ語で戸を開ける／閉めるは aufmachen/zumachen である。電車の乗降扉を開け閉めするハンドルのところには、物事が明白なので、auf/zu とだけ示されている。machen は

英語では make に対応する語だが、そこには開／閉という概念はない。ロシヤ語でも同様で、地下鉄の駅で「ドアが開く／閉じるのでご注意」とかのアナウンスは、Дверь（ドゥベーリ）открывается（アトクルウイバーエッツア）／～ закрывается で、от と за の違いだけである。крывается には開／閉の概念はない。

　話を少し戻して、take の後に前置詞や名詞が続く場合も同様である。辞書を見ると、例えば、take from 減ずる、弱める、take away from 取り去る、take up for の味方をする、take ○○ for ××として○○を××と思う、などいろいろ書いてある。これらを学校では熟語として覚えさせたりするが、ひとつの組み合わせでもあまりにも多くの使いかたがあり、また多くの組み合わせがあるのでキリがない。それぞれの単語に分解して理解するほうが簡単である。日本語に訳したいときは、外国語の概念空間で理解した上で、その意味を表現する日本語を自分で考え、日本語の語彙の中から探したほうが楽である。

簡単な単語でも意味内容の対応関係が異なる

　それぞれの単語が指し示す概念の外延（カバーする範囲）が外国語と日本語では異なるということはすで

に述べた。ここでは、その内包（含まれている意味内容）の切り分けかたも違うことを見よう。

　切り分けかたの異なるものを混ぜこぜに使うと、意味が通じなかったり、意図とは違う解釈をされることになる。私は宇宙や物理学の関係で大学院生の指導を長年にわたって担当したが、彼らが初めて英語で論文を書くとき、多く間違いを犯すのはその点にある。定量科学の論文や契約文書では特に問題になる点だが、文学関係を専門にする英語の先生からは、そのような指導を十分に受けてこなかったということか。

　先に述べた例との関連で言うと、takeは持っていく、連れていくということであり、bringは持ってくる、連れてくる、fetchは取ってくるである。これらは日本語では似たような概念だと思うかもしれないが、混同すると話が全く通じなくなる。関連するのはgo行くとcome来るとの違いである。日本語ではこちら（自分）の立場とむこう（相手）の立場をあまり区別しなかったり、相手の立場からの言いかたが丁寧だったりするが、西洋文化では自他は峻別される。

　行為者の主体性と対応のしかたもはっきり区別される。信じることはbelief（believeの名詞形）とかtrustとかであるが、前者は証明なしに信ずるので、宗教や

決断することがそれほど重要でないある種の意見に関して用いる。後者は理由や契約があって信じると（自分で）決めた結果として信じるということである。だから信託銀行の名前は Trust（trustworthy、trust する価値がある）Bank であって、Believe（believable）Bank ではない。

辞書で「選ぶ」と引くと、その主なものとして choose と select が出てくる。前者は、どちらかと言うと、好みに従って選ぶことであり、後者は特別な根拠やルールに従って選ぶことである。だからレストランで食べる物をメニューから選ぶのは choose であり、奨学金をもらう人を先生（委員会）が選ぶのは select である。先生が奨学生を choose して決めるのは、ある種の汚職行為である。もっとも、糖尿病の人がレストランで食べてもいい物を選ぶときには、select しなければならない。つまり choose と select は選びかたが違うのである。

先に述べたのは、日本語では同じ単語が使われても、英語だとその意味内容によって異なる語が使われるということだった。その逆に、英語では同じ単語を用いても、その使われる文脈と意味内容によっていろいろな日本語になるのは、ご存知のとおりである。ひとつ

Ⅶ．異なる言語では語彙や概念の体系が違う

だけ例を挙げると、return は、戻る（戻す）、返す、帰る、収益、タイプライターの行送りなどである。この「行送り」がパソコンのキーボードで enter となっているのは、行送りだけでなく、それまでにキー・インされて buffer（物事やその進み具合を一時的に蓄積しておいて和らげるもの）に預けてあった内容を CPU（Central Processing Unit 中央演算処理装置）やメモリー（memory 記憶装置）に送り入れるからである。

　Tax return は税金の確定申告のことだが、納めすぎた税金が返ってくるとは限らず、不足分を納税しなければならないこともある。Return と言うのは、税務署用語で、そう言うほうが柔らかい響きになるからであろう。

　日本でも同様な言い回しがある。所得に対する税率は段階ごとに不連続的に変わる（所得の高額部分にはより高い税率が適用される―累進課税）が、税額は段階の境目でもジャンプして増えるわけではない。それに対して、税務署は税額を各段階分ごとに対応する税率で計算して積み上げていく足し算方式ではなく、全てを対応する最高税率で計算したものから引き算するという数式で与えている。そして引き算分を「控除」だと言う。「控除」の本来の意味である「税金をかけませ

ん／まけてあげます」というのは exempt であるが、税務署の数式で差し引くのはそれではなく、「引き算」subtraction の形になるように表しただけのものである。こうして、文脈や聞き手に与える効果に対する意図的な狙いなどにも、使われる単語は依存する。そしてそれを間違えると、話が通じなくなる。

冠詞と指し示すものとの関係

英語では不定冠詞の a と定冠詞の the もはっきり区別される。例えば本（書籍）一般のうちのある1冊の本は a book である。それに対し、今ここで話題にしている、ある「決まった」特定の本は the book である。文章で最初に book という語が出てきたときは a book で、その後に出てきたときは the book だと教える人がある。しかし後に出てきても何のことを言いたいかによって、a の場合もある。

宇宙は全てのものを含むものという意味ではひとつしかないから the Universe であるが、あの宇宙、何とかの宇宙、近頃の宇宙論のように multi（多重）宇宙のうちのひとつと言うときは a universe である。神様でもキリスト教のような一神教の神様は the God だが、古代ギリシャや東洋の多神教の神様は a god

であったり gods であったりする。

　ヨーロッパ語でも、言語によって冠詞はいろいろあって、続く名詞の性（男性・女性・中性）と数（単数か複数か）、また格（主格・所有格・対格・目的格…など）によって区別されたり語尾変化をしたりするものもあれば、ロシヤ語のように冠詞のない言語もある。

「どうぞ」と「どういたしまして」
　どうぞよろしくの「どうぞ」は please である。どういたしましてというのは場面 situation によっていろいろな言いかたがある。Thank you. を受けて、イギリス人は Don't mention it. と言う。アメリカ人は You are welcome. と言う。いずれにしても「どうぞ」と「どういたしまして」は違う言葉である。フランス語もそうで、もしあなたがよろしければ、シルブプレ S'il vous plait. あなたが喜ぶならば、と言うし、有難うというのはメルシー merci と言う。

　それに対してドイツ語の場合、こうしてくださいと言うときにビッテ Bitte お願いしますと言う。そしてこちらが有難うございました、ダンケ Danke 感謝しますと言うと、同じ言葉でビッテどういたしまして、と返してくる。すなわち「どうぞよろしく」と「どう

いたしまして」は同じ概念なのである。ロシヤ語でも、どちらもパジャルスタ пожалуйста である。英語でも Thank you. に対して Thank you. と答えることもある。ただし前者では Thank のところに、後者では you のところに強いイントネーション（抑揚）をつける。

　最近の日本のテレビでは、話が終わったときに、アナウンサーがゲストに「有難うございました」と言うと、ゲストの多くは同じく「有難うございました」と返している。これはゲストとして、話を聴いていただいて有難うございましたという意味なのか、それとも日本語の使いかたが変わってきたからなのか、どちらであろうか。

個か、個の集まりとしての全体か、それとも総体か

　Any と some の違いはどうであろうか。複数個あってその中のどれでも良いときは any だし、どれかに決まっていてそれが複数のときには some である。Any は否定文と疑問文で使われ、some は肯定文で使われると教える人があるが、そういうことよりも意味する対象によって決まる。Choose any one you like. と言うのは、あなたがどれを選ぶかがまだ決まってい

ないからである。キャンデーが山積みになっていて、Take some, please. と言うのは、キャンデーを取るに決まっているからである。

　対象との対応のしかたでは、each と every や all の違いが際立っている。辞書には each はそれぞれの、every は全ての、あらゆる、とか、all は全ての、と書いてある。店で商品の値段札には $2 ea.（each の略）のように書いてあるのは、1個（につき）2ドルということである。Every も each と同様に、個に着目している。Come, come, everybody. というのは、皆（全て誰で「も」）おいで、ということであるが、この場合、来るのは個々人であり、全員が来なくてもよい。全員をまとめてひとつのものとして呼んでいるのではないということである。それに対し、all は「全て」でも、全体をひとまとめにして着目している。よりうるさく言うと、all は残らず全部である。その例外があるときは、All but the morning star have disappeared.（明けの明星以外は全て消えてしまった）という言い回しが可能になる。明けの明星は金星という特定の星を指すから、定冠詞がついている。

　もうひとつ例を挙げよう。バスなどの発車時刻は Every hour on the hour. のように示されている。い

つでも (every hour)、そのとき (the hour) の 0 分 (on) に出ますということである。まとめて何時でもと言っているのではないから、all ではない。

肯定と否定

　肯定であるか否定であるかが峻別されるのは、改めて言うまでもないだろう。それらは同時に使われる言葉の選別にも関係する。「何もとるな」は Don't take anything. である。Don't take something. と言われるとどうしてよいのか分からない。あるもの something（辞書では sth と略される）と比べて大きいかどうかと言うとき、肯定なら as large as sth だし、否定なら not so large as sth であって、not as large as sth にはならない。肯定のときと否定のときとで、使う単語も文の作りもはっきり違うのである。

　肯定的に言うときと否定的に言うときとで、使う単語が異なるということもある。It is too large. は大きすぎて具合が悪いときにそう言い、It is very large. は単に大変大きいというだけである。何らかの質問に対して Too large と答えるか、Very large と答えるかで、意味は全く異なる。

　もちろん、日本語にもそのような区別がある。しか

しその程度は大いに異なる。日本の文化は肯定・否定を決めつけないで、あいまいさを残しておくところがあるからだろうか。「(私は)あなたのように金持ちではありません」という、「ように」と否定の「ありません」を組にした言いかたが、テレビや新聞でさえも、よくなされる。私が金持ちでないことははっきり分かるが、(私は)あなたが金持ちだと思っている I am not so rich as you are (rich). なのか、それとも、(私は)あなたが金持ちでないと思っている I am not rich as you are not rich. / I am as poor as you. なのか分からない。せめて「あなたのような金持ちではありません」と言えば、「〜な」という連体形的な表現だから、前者であることが分かるはずである。もっとはっきりさせたかったら、「私はあなたと違って (differently from …) 金持ちではありません」と言えばいいのだが。

　否定の言葉と否定の叙述を組にした言いかたなら、なおさらである。「私はあなたのようにお金がないことはありません」は、「あなたにお金がないことがないように、私にもお金がないことはありません」なのか、「あなたにお金がないのとは違って、私にはお金がないことはありません」なのか、はっきり分かるよ

うに表現して欲しいものである。それに対し、英語でははっきりした表現しか使わない、使えないから、そのような問題は起こらない。

能動と受動

同様な日本語の問題は、能動か受動(受け身)かでも起こる。ヨーロッパ語では過去分詞と構文とで、両者ははっきり区別される。それに対し、日本語ではあいまいになりやすい。ニュースなどで「アイスランドの火山爆発の影響で、空港が閉鎖する」というような言いかたがしばしば見られる。「空港が閉鎖される(受動)」ということはあっても、「空港が閉鎖する(能動)」ということはない。

英語では自動詞と他動詞で区別されるものがある。動詞の完了形語尾もあるし、それが使われる受け身は is 〜ed と表現されるから、能動と受動の区別ははっきりしている。それに対し、日本語では主語をはっきりさせなかったり、敬語などで「〜される」というような受け身的表現を使ってぼかすことが多い。主体と客体を峻別する習慣が薄いことにも関係がある。

日本語でも、そのような区別を明白にすることは、契約、科学的なこと、複雑なこと、論文などでは極め

て重要である。英語などで文章を書くのに慣れてくると、それらをキチンと区別する習慣が自然と身についてくるが、これは外国語を学ぶことの意義のひとつと言ってもよい。

　しかし日本ではそのような教育はほとんどなされていない。国語教育が感想、印象、美辞、美文などに偏って、物事を表現するという言語の最も根幹的なことや、論理をキチンと組み立てるということを軽視しているからであろう。この点は、古代ギリシャに始まる、論争や弁証（法）を重視する文化、現代ではヨーロッパ、特にフランスの国語教育との大きい違いである。

　そのことを補うためか、日本語で厳格な区別を必要とするときには、難しい語が別に作られてきた。法律用語などはその典型である。例えば「告訴」は被害者が訴えることを言い、「告発」は第三者（多くの場合、刑事告発）が訴える、と定義されている（どこへ「訴える」というのだろう。だから「発」ということらしい）。しかし、このような定義の区別は言葉を聞いただけでは分からない。これが物事を難しくしている。言葉は、本来、聞いたり見たりしただけで意味が分かるように造語されるべきである。

Ⅷ. 動作と状態の区別

動詞のアスペクト

　銀行の ATM で振込などの操作をしていると、画面に「登録」というボタンが現れる。そこでハタと迷う。「すでに登録されている振込先のリストを呼び出して、その中から選ぶ」という意味か、「これから新規に登録します」という意味か分からないのである。英語なら、それぞれ、registered と register で一目瞭然である。インターネットの画面でも、同じようなことに、しばしば出会う。

「本を読む I read a book.」と言うとき、「今読んでいる」ということを問題にしている場合がある。「本を読むことは楽しい」というふうに、読むこと一般を指し、今読んでいるわけではない場合もある。過去のことになると、読んでいた、読んだ（ので、例えば、内容を知っている）、読み終わったなど、いろいろな場合がある。それらは英語では、単なる叙述（現在とか過去）、進行形（-ing を伴う）、完了形（have を伴う）などで区別される。

　動詞自身で区別されるものもある。例えば「水につける」と言うとき、ティーバッグをお湯の入った紅茶茶碗の水面へ下ろしていって湯の中に入れるという

「浸ける」という動作を問題にしているなら dip だし、浸かった状態に（しばらく）置いておくこと（漬ける）、置いておかれるという状態を問題にしているなら immerse（immersed）である。先に述べた完了形と進行形の区別に似ているが、そのものではなく、動詞までが異なる。進行形で区別されるのは、水につけようと手を下げつつあるのが dipping である。これには下げつつあるという動作を問題にしている場合もある。Immersing と進行形の語尾にされると、何のことだか分からない。状態はそもそも時間的に継続しているものだからである。

　これらの違いは、言語学では動詞の「相」と呼ばれるが、その言葉よりアスペクトといったほうがよく分かる。Aspect とは、a（於いて）spect（見る、inspect 調べて見る、suspect 疑って見る、の spect と同じ）ということで、外観、局面、側面（画面の縦・横比はアスペクト比、最近のテレビ画面では16対9）のことだからである。

　ドイツ語では動作と状態の区別は英語よりもはっきりしている。動詞の過去分詞を助けて受け身（受動体）を作る助動詞に werden（ヴェルデン、英語にそのまま当てはまる語はないが、become が近い）と sein（ザイン、英語の be 動詞にあたる）がある。完了形を作るのにも

VIII. 動作と状態の区別

haven（ハーベン、英語の have にあたる）と sein がある。それぞれ、前者は動作、後者は（その結果としての）状態を表す。哲学ではそのような概念の違いを区別するのに Werden とか Sein と名詞化して使われる（名詞の最初は大文字になる）。Dasein（存在、現存、定有。da はそこに there という意味）という言葉まである。

ロシヤ語の不完了体と完了体

ロシヤ語ではさらにはっきりしている。大雑把に言うと、完了体は動作・運動に対応し、不完了体は状態に対応する。そしてほとんど全ての動詞が完了体と不完了体を持っている（その代わり、-ing がつくような進行形に相当するものはない）。

レーニンの著作に『何をなすべきか』というのがあるが、原題はシトー・ジェーラチ Что（what）делать（to do）である。英語の do に対応する不完了体は делать ジェーラチ、完了体は сделать ズジェーラチである。だから、この書は「何をなしているべきか」という内容を論じているので、「何をするという動作をしなければならないか」とか「何をしてしまわなければならないか」を論じているのではないことが分かる。

別の例で言うと、本を読んでいるという状態は不完了体 читать книгу チターチ・クニーグゥ（книгу は、本 книга という女性名詞の対格つまり目的格）で、読み終わったのは完了体 прочтать книгу プロチターチ・クニーグゥである。これは「（あなたが来たとき私は本を）読んでいた」という читать の過去、читал チタール（л は主語が男性名詞・過去形のときの活用語尾）とは違う。実際の区別にはいろいろと難しいところがあるが、いずれにしても、基本は動作・運動と状態の区別である。

　ギリシャ語系統ではこのような動詞の区別についてうるさいということと、ギリシャに源流を持つ西洋文化では運動や変化ということが重視されることとは、関係があるらしい。西洋の科学、例えば物理学の基本は物体の運動を表す運動方程式であり、最初の状態（位置）から最後の状態まで、時間の経過につれてどのように状態が変わっていくかというふうに記述される。最初の状態と最後の状態を比較して表(おもて)に出し、その間にどのような経過（path パス）があり得るか、そしてどの経過が選ばれるかという発想に基づいた記述の形式もあるが、そのような形式も考慮されるようになるのは、20世紀になってからである。

アスペクトをどのように区別する

　世界の文化がどれも運動重視かというと、そうでもない。インドネシア語には過去、現在、未来のような文法上の時制（tense テンス）さえもない。つまり運動よりも状態が重視されている。そういう文化の中で物理学が育ってきたのなら、運動方程式という形をとらずに、状態比較による記述の形式をとることになったかもしれない。

　インドネシア語では、動詞の時制の代わりに、「今日雨が降る」、「昨日雨が降る」というふうにして、現在と過去の「降る」と「降った」を区別する。だから動詞が完了体・不完了体の区別を持たない言葉でも、変化・運動と状態とは、副詞（句）を使ったり、英語だと-ing、have、be動詞などを使ったりして言い分けることが出来る。Be動詞とbecomeを使い分けて区別することも出来る。

　ただ動詞自身がそのような区別を持っている文化と、そうでない文化とでは、その区別に対する心構えが異なる。日本語の場合、その区別は緩い。しかし現実には、キチンと区別しなければならないこともしばしばある。

形式的だが分かりやすい例を挙げると、yがxによって変わったり（運動が起こったり）、（状態が）異なったりするときが典型である。「xが大きくなると、yも大きくなる」と、「xが大きいと、yも大きい」とは、強調点が異なる。前者ではxはこれまでは小さかったということを暗に含んでいるし、変化の過程を辿りながら経過を見ている。それに対し、後者では、ふたつのxの値（x_1とx_2とがあり、$x_1 < x_2$）に対するyの大きさを比較している。

「山が高くなると、頂上における気圧は低くなり、高山病にかかりやすくなる」はおかしい。英語でA mountain becomes higher，…と言われると、「あれっ」と思う。山は高くならないからである。「高い山の上では気圧が低く、高山病にかかりやすい」だとすんなり分かる。地殻変動に関係して造山運動の話をしているのなら、山が高くなることはあるが、その場合は人が高山病にかかるとか、かからないとかいう話とは、時間のスケールが全く異なる。

　科学的な記述や客観的な事実の記述では、このような違いをキチンと区別することが極めて大切である。それに注意すれば、物事は端的に、明快に述べることが出来るだけでなく、話の前提、背景、文脈、言いた

い事柄まではっきりする。しかし現実には、科学者の書く文章でも、そうでないことがしばしばある。高等学校の教育、特に数学の証明問題で習う表現のスタイルが悪影響を及ぼしているのではなかろうか。

外国語を学ぶ意義は

それでも、同じことを英語か、アスペクトのよりはっきりした言葉で言って（発想して）みれば、問題点はすぐに分かるはずである（日本語で発想して後に他の言葉に翻訳したのでは、見過ごすことがある）。しかし現実には、大学院で英語の科学論文を書き始めた学生を指導するとき、この点は最も手間のかかったことのひとつであった。

もっとも、その他にも同程度に重要で同程度に世話の焼ける問題もあった。すでに、choose と select、bring と fetch、believe と trust の違いなどとして述べたことだか、英語での概念体系に正しく合った単語を使うという問題である。最近、ある人が私の文章を直して、（その先生が）かつて教えていた（昔の）学生を pre-student としてきた。確かに、pre- は〜前のという意味だが、pre-student という使いかたはない。pre-school child が（小学校）入学前の子供を指すこと

から見て、pre-student を無理に解釈すると、高校もしくは大学入学前の生徒だということになる。かつての学生は、former student が正しい。

　もうひとつのしかも最大の問題は、話の論理構造や階層構造をキチンと組み立てたり表現したりすることの出来ない人が多かったということである。それらをキチンと読み取れないということでもある。そして一般的にそういう傾向のあることは、理科（科学技術）嫌い、数学（数理）嫌いとも関係がある。小・中学生の学力テストで問題となった、計算問題は出来るが文章題の問題は出来ないということをよく見てみると、その原因はここで述べた意味での言語活動が不十分だという点にあると思われる。

　すでに述べたように、日本の国語教育はそういうことを重視してこなかった。外国語教育にはそれを取り戻し、たたき直すという使命がある。身についてしまった言語活動の性質を変えていくには、それとは異なる文化や言語に接するのがよい。

　しかし現実の外国語教育は、そのようには進められていないと思われる。外国語教育をキチンとやっていると外国語担当の先生がたが思っており、外国語の授業時間数が他の大学に比べて多く、しかも成績の良い

学生を相手にしていたときでさえもそう思うことが多かった。感性的で、どちらに理解しても実害のない内容の文章をテキストにして習ってきたからであろうか。そういう人は日本語でものを書いても、同じ問題が起こっている。高尚な文学をテキストにするのは、これまでに述べたような言語活動の基本がキチンと身についてからでないと、かえって大切な問題を覆い隠すことになる。

外国語の授業時間数を増やすのには反対

こういうことを言うと、外国語の先生は、もっと授業時間数を増やすべきだとおっしゃる。このことについて考える前に、大学での授業時間数は現実にはどうなっているかを見ておこう。

大学での授業時間数と授与単位数との関係は一応決められている。1学期は15週とし、週に3時間の学習、すなわち45時間の学習に対して、1単位が与えられる。学習時間数と授業時間数は別なので、1単位に対する授業時間数にはいろいろな決め方がある。ふつうの講義、例えば「経済学概論」などの講義は、1時間講義を受けると2時間の予習・復習をするというので、15時間の授業で1単位になる。実験は大学の実験室でし

か出来ないので、45時間で1単位と数えられる。演習・実習はその間で22.5時間につき1単位ということになる。

　外国語をこれら3つのカテゴリーのうちのどれに当てはめるかは、大学によって異なる。その結果、同じ1単位でも、授業時間数で言うと、3倍もの違いがある。さらに期末試験の時間を1学期15週の中に含めるか、別枠で取るかによってさらに違ってくる。以前は第2外国語というのが必須であったが、近頃はそうでないところが多い。このこともあって、言葉というものに対する感覚が育っていないことも多い。日常的で簡単なことを、良い発音で上手に言い回せるようになる訓練と、内容のあることを扱う言語活動の訓練とはまた別である。

　こういうわけで、大学によっていろいろな場合がある。しかし私がいたところのように、外国語の授業時間数が多く、大学院の入学試験で外国語を特別扱いで重視するようなところでも、それに比例して言語活動が優れるように育っているわけではないと思っている。どうやら、教材の内容が文化全般のうちの一部分に偏っているからであろう。こうして、より重要なのは、外国語そのものではなくて、その基礎となる言語活動

と知的活動の訓練なのだと思われる。これは外国語の授業時間数を増やしたからといって解決するものではない。

　ついでにもうひとつ言わせていただこう。私は外国語が出来ることを別枠的に重視するのは嫌いである。植民地の価値観のようで、自己卑下の匂いがするからである。

IX. 語彙を増やそう

英語の造語能力

　話される、ないしは読んでいく経過に従って理解していくために、また正しく使うために、概念の切り分けや概念体系の構成を身につけるためには語彙が大切だと言ったが、どのようにすれば語彙を身につけることができるだろうか。

　たくさん読みましょうとか字引を引きましょうとかいうのは、足しになることではあるが、それよりも英語の語彙の構成に関する感覚を養うことのほうが大切であり、簡単である。その中で案外教えられていないのが、英語の造語能力である。

　漢語の場合、それぞれ意味を持つ漢字を繋ぎ合わせていけば新しい概念や語が出来る。二字の漢語をふたつくっつけて四字熟語を作るのは、その典型である。ヨーロッパ語でも、やりかたは異なるが、同様なことが出来る。

　この節では、語彙の体系を人の頭の中に「構成していく」過程について理解してもらうことを趣旨とする。だから、すぐ後に出てくる例で言うと、「division; 分割、区分、部門」は、「分割（すると、そうされたものは）区分（で、それを組織で見れば）部門（ということに

なる)」というふうに読んで欲しい。こういうわけで、ふつうの辞書にあるとおりの訳語を与えているのではなく、ましてや辞書に書いてあるいろいろな訳語が、辞書に記述されているのと同様に出てくるわけではない。語源を重視しているわけでもない（時が経つと、対応する概念も変わる）。現在、ふつうに使われている（知っている）語を組み合わせて、新しい概念を自分の中に構成していく過程を考えるのが趣旨である。

　また、私の持っている概念体系は、他の人（辞書を作った人も含めて）から見ると、かなり違うと思われるかもしれない。そうなるのは当然で、ある人の持つ概念体系は、その人のそれまでの実践やかかわりの結果として形成されたものだからである。だから、単語をひとつだけ聞いてまず思い浮かべることは、人によって大きく異なる。単語は文脈の中に置かれて初めてその意味と内容を持つものだし、また他の人々との相互作用が認識や文化の新しい発展に導くものになり得るのである。

異なる品詞や類似概念を導く

　例えば soft「柔らかい」という形容詞。Softly にすれば「柔らかく」という副詞、soften なら動詞で「柔

らかくする」、抽象名詞にすれば softness という調子である。

　類似概念へ導く自由度ははるかに大きい。まずは簡単な例から見てみよう。語幹 div は次のように使われる。
- divide 分ける／division 分割、区分、部門／divisor 除数、約数／divider 分割する要員や物／dividend 分けられたもの、分け前、配当（金）／diverge 分かれる、発散する／divergent（その形容詞）／diverse いろいろと異なった、多様な、分散させる／diversity 多様性／diversify 多様化させる／diversification その動作をさせることの抽象名詞／divert 方向を変える、逸らす

という具合である。

　もっと広く展開される派生語を form で見てみよう。
- **form** 形、様式、動詞なら形作る→formation 構成、設立／formative 形成の、発達の／formless 形のない／unformed 作られていない、十分発達していない、組織的でない／formfitting 服がピッタリ合う
- **formal** 形式的な→formality 形式・正規の手続き／formalize 形式化する、正式なものとする／formalism 形式主義／formalist 形式論者／formalistic 形式主義

に傾いた／informal 形式にこだわらない、非公式の／informality 非公式・略式
- formula 決まっている事柄・やりかた、製法、調理法、薬の処方箋（しょほうせん）、数式、公式→formulate 公式化する、明確に述べる／formulation; formula にすること、されたもの
- format 型・体裁を整える→formatter; format するもの、書式設定、初期化
- deform; form を壊す、損なう、変形させる→deformation; deform すること
- reform 再び form を作ること、改善・改革・刷新する→reformation 改革／reformed 改良・改心された
- uniform ひとつになっている形式、一様な、揃いの→uniformity 一様性、画一性、単調さ
- inform ～に形作る、知らせる→information 知らせること、知らされるもの・事柄、情報／informative 情報がよく提供されている、有益な／informed 情報が与えられている／informer 情報提供者

　これらは、form という言葉と造語の基本的な構成法を知っていれば、芋づる式に展開されるものである。

　一方、文部科学省の学習指導要領では、中学で学ぶ単語数は900とか1200とかされているが、ここに述べ

たようなのはひとつの単語として数えるのか、30個として数えるのか、どちらであろうか。ここでの例は、英和であったが、逆に和英で単語数を数えるときはどう言うのだろうか。同じ日本語に対応する英単語がたくさんあるとき、それらはひとつと数えるのか、対応する英語の単語数で数えるのか、どちらなのだろう。

　だからそういう発想法は現実の言語の成り立ちには合っていない。単語帳で対応をつけて覚えるのは退屈なだけでなく、効率が悪い原因もそこにある。いくつかの基本単語（概念）と造語による展開法を身につけさせるほうがはるかによい。それが身につけば、知らない単語に出合っても、その意味を（字引を引かずに）想像したり、組み立てたり出来るようになる。

接頭語と接尾語でますます広がる
　接頭語や接尾語をつけ加えて新しい概念をいろいろと作ることができる。そして、それぞれの接頭語がどういう意味を持つかを理解しておけば、わけなく概念が広がる。接頭語の数はそんなにあるわけではないが、それをつけることの出来る単語は多数あるので、作られる概念は掛け算的に広がっていく。それは（数が少

ないほうの）接頭語で分類しておくほうが分かりやすい。以下には多数の例をあげるが、サッと目を通していただくと、それぞれの接頭語が持つ意味についてのイメージが形成されるであろう。

　取り上げた個々の語の説明については、その語の持っている概念と広がり、接頭語との関係を最も簡単に理解出来るように選んだ。辞書とは異なって、その語を日本語単語に置き換えようとしているのではない。そのようにすると、概念の広がりを限定したり、矮小化したり、造語能力に繋がらないようになるからである。

　ここでとろうとするアプローチは、あなたが自己の頭の中で日本語の概念を発展・形成してきた過程と同じである。言い換えると、あなたは、他の「単語」に置き換えて進めてきたのではなかった。

　説明で（　）の中「だけ」を読むと、品詞が違うではないかと思うかもしれない。それは、（　）の中に入れた部分は、読んでも読み飛ばしても、日本語の句として繋がるように書いたからであり、また、なるべく簡潔にしようとしたからである。それに、語幹を残して品詞などを変える話はすでにしたので、ここでは二次的なことにすぎないからである。

IX．語彙を増やそう

取り上げた語の例は広く展開されるので、拾い読みしていただくだけでもよい。それも面倒な人は、「たくさんあるな」と思っていただくだけでよい。言葉はあまりにもたくさんあるから、覚えようなどとは思わないほうがよい。出てきたときに「ふーん、そうか」と思っておくだけで、そのうちに体が覚えてしまうものである。

　接尾語に関しても、接頭語ほどの展開はないにしても、同様なことが言える。その一部は、すでに、異なる品詞や類似概念の導きかたとして、また他の話の中で例示した（する）ので、それを参考にして自分で整理してみて欲しい。

- a-（反、非、離れて、ない）、anti-（反、抗）
　anachronism; chrono-（時刻とその経過に関したこと）に反した、時代錯誤／anomaly; normal（正規）でないこと／antibiotics; bio-（バイオ）に抗する抗生物質／antibody 抗体／antigen 抗原／anti-lock; lock（鍵がかかって固定された状態に）されないようにするメカニズム（自動車の車輪などでも）／antinomy; 2つのこと（法則）の対立（背反）、(nomo は法、-nomy は法、学)／antiseptic; septic（腐敗）に抵抗し

ている／apart; part に分かれて／apathy; -pathy（感情）から離れて、無関心／atheism; theism（有神論）でないこと、無神論／atypical; typical（典型的）でないこと、型にはまらない／asexual; sex がないこと、無性の

- ab-（離れていること）

 abduction ／ deduction ／ induction ／ conduction／reduction; duct は（例えば家屋の中に配置される空気を）導く管にあたるものだから、仮説的推論（論理だけでなくそうする、誘拐）/演繹(えんえき)/帰納/（熱などの）伝導/割引・まとめると要するにそういうことになる（ということ）／absence/presence; センス（感覚への受入）なし（欠席）／あり（出席）／abnormal; normal（正常）でない／abort; あるべき Ort（＝place）になくする（未完、中止、流産）／abstain / sustain; tain（保持）しない（控える、棄権する)/保持（持続）する／abuse; 誤った use（使用）

- co-（together with、一緒）(con-、イタリア語起源の音楽用語に多用)

 co-author; 共-著者（author）／coeducational; 共学

IX. 語彙を増やそう　111

の／coefficient; 協同作業の（で efficiency 効率をあげること）、係数／coexist; 共存／cohere; 筋が通る、一致する／coincide; 同時に起こる、一致する (incidence は発生、結合)／concentrate; センターに集まる（集中）／concentric; 同じ中心を持つ／concise／precise; 簡潔な／精密な／conclude／include／exclude;（いろいろな要素を含めて）結末をつける／含める／除外する／concord／discord／accord; cord（ひも）が繋がって一致している／不一致／一致、調和／concurrent; current（そのときの）と一致している／condense; 一緒にして dense（濃く）凝縮する／conference／reference／inference; 協議（会）/(後から、再び）触れる/(中に入って）含蓄、推し量られる内容／configure; figure（形作られたもの）に組み上げる、構成する／confine／define; 制限する、閉じ込める/範囲を定める（定義する、ここでの de- は意味を強める）／confirm;（証拠を集めて）確認する／confluence; flue（流れるところ、考え）が一致／conform;（形、様態）が一致／confront; front（前面が）向き合う／confuse; 一緒に fuse（融合）させて混同する／congest; 一緒に詰め込む、混雑（渋滞）させる／congregate／aggregate; 一緒に集める／ひとつに集

める／congress／aggress; 会議／攻撃／connect; 結びつける／consequence; sequence（物事の続き）が一致した結果／consist／persist; 両立する成り立ち／持続する成り立ち、固執／consolidate; 総合してsolidな（堅固な）ものにする／consonant; sona-（音の響き）が一致する／constant; 一緒に立っている（stand）、不変の／constellation; stellar（星の）集まり、星座／constitute／institute;構成する／構成、制定／constrain; stress（引っ張られたもの）と共にある、束縛する／construct; 一緒にして組み立てる、建設する／consume／resume／presume／assume; 消費する／再び始める、回復する／(pre-は前もって) 仮定する／憶測する／content; 内容（いろいろなものが入っている）／context; text（織られたもの texture, textile、文）の中にあるいろいろなものの前後関係、文脈／converge／diverge; verge（範囲、境界が）一緒になる（集まる）／分かれる／cooperation; 共同でoperation（活動）をする／coordinate; order（順序、秩序）を共にする（調整する、調和させる）／correspond; response（対応）を共にする（対応する、文通する）／co-worker; 一緒に働く人

- de-(除く、そうでなくする、下へ)

　decaffeinated; カフェインを除去した(コーヒーなど)／decease; cease(終わり)がなくなる(死亡する)／declassify; classification(分類)をなくする(機密解除)／decompose; compose(構成)されたものを分解する／deconstruct; construct(構築されたものを)壊す＝destruct／decrease/increase; de-(下に)成長する、減る/in-(上に)成長する、増える／default; fault(落ち度の責任)なし、何もしない／defreeze; freeze(凍結)したものをそうでなくする、溶かす／defibrillator; fibrillation(fibril〔小繊維〕の形成作用、心臓の細動、攣縮(れんしゅく))を除く(AED＝Automated External Defibrillator 細動したり止まったりした心臓に外部から電気ショックを与えて蘇生(そせい)させる機器)／deficient / sufficient; 不足／十分／deflation/inflation; しぼむ(デフレ)/膨らむ(インフレ)／defog; fog(霧)を除く(自動車の defogger)／deform; form(形)を損なう、変える／defrost; frost(霜)を除く(自動車の後ろの窓についている defroster)／degenerate; generate(生成)する力がもはやない、退化した／degrade; grade(等級、グレード)を落とす／dehumidifier; humidity(湿度)を下

げる（de〜fy）器械（-er）、除湿機／de-ice; ice を除く、防氷／demand／command; 要求する／命ずる／demerit; merit（美点、長所）がない、欠点／deodorant; odor（におい）を除くもの、防臭剤／depart; de-（離れて）part（分かれる）／department;（役割の）分かれたもの（department store は多種商品がそれぞれの売り場に分かれた集合体としての百貨店）／depend; 下へ垂れる、依存する（pendulum は垂れたもの、振り子）／depopulate;（ある地域の）population（人口）が激減する／depression; 下へ押されたこと、意気消沈、不景気、デフレ／deregulate; regulation（規制、調節）を解く／destabilize; stable（安定）でなくする／destruction; structure（構造）を壊す／detach／attach; 引き離す／くっつける／detour; tour から離れている、回り道／devaluate／evaluate; value（価値）を減ずる/(価値があるかどうかを）見極める／develop／envelop; 発展する／包む（envelope は包むもの、封筒、外層）／devolve／involve; ゆだねる/巻き込む

- dis-（否定もしくは逆の動作の意味にする）
  disable; ability（能力）がない／disadvantage; ア

ドバンテージがない／disaffected; affect（影響）がない／disagree; agree-ment（同意）がない／disappear; appear（現れ、見掛け）がない／disappoint; appointment（指名、指定）がない、失望する（この状態との一致がないから）／disapprove; approve（承認）がない／disarm; arm（兵器）を取り外す（disarmamentは武装解除、軍備縮小）／disbelief; belief（信じること）がない／discern／concern; ふるって分ける／ふるうが一緒に（関係している）／discharge; charge（貯められているもの）をなくす（放電する）／disclose; close（閉じられていたものを）見えるようにする／discolor; それまでのcolor（色づけ）をないようにする／discomfort; comfort（快適、満足）でなくする／discompose; compose（組み立て構成されたものを）そうでなくする／disconnect; connect（繋がっていたもの）断ち切る／discontinue; continue（続いて）いたものを止める／discord; accord（一致、調和）していたものを止める／discourage; courage（勇気）をつける（動詞形encourage）の逆／discover; cover（覆いがかかっていたものを）外す（uncoverと同じ）、発見する／disembark; embark（乗船）の逆（船と航空機は同じ

用語を使う、例えば forward は船首方向、航空機の機首のほう）／disengage; engage（従事しているのを）解く（解放する）／disentangle; entangle（もつれ）を解く／dishonest; honest（正直、誠実）でない／dishonor; honor（名誉）がない／disinfect; infect（感染）がないように（消毒）する／disjoin; join（接合、結合）されていたものを外す／dislocate; location（場所・位置を決められたもの、-local にされたもの＝ localized）の場所・位置を移す、ずらす／disobey; obey（従うこと）をしない／disorder; order（順序・秩序）がないようにすること／disorganize; organized（秩序のある状態）を乱す／disparity; parity（等価）がないこと、不均衡／displace; place（通常の場所）から移す／displease; please（喜ばせる）の逆、不快にさせる／dispose; pose（主張する、提出する）の逆で、離して置く、捨てる（disposal は処分、propose の pro- は「前に」で prologue や proceed の pro- と同じ）／disprove; prove（証明する）の逆／disrespect; respect（尊重、尊敬する）の逆／dissatisfaction; satisfaction（満足）がないこと／distrust; trust（信用）しない（trust bank は信託銀行）／disuse; 使用をやめる、廃止

- en-（〜にする、〜の中に入れる）
  enable; able（可能）にする／enclose; 囲んで閉じる／encase; case に入れる、包む／encash;（小切手などを現金〔cash〕化する）／encircle; circle（円）で囲む／encourage / discourage; courage（勇気）をつける／を失わせる／encrypt / decrypt; 暗号化する／暗号化を解く／endanger; danger（危険）にさらす／endure; 持ちこたえる（durable 耐久力のある、duration 継続時間、存続期間）／enforce; 力を働かす、強要する／enjoy; joy（喜び、楽しみ）の中におく／enlarge; 大きくする／enlighten; 明るくする、知るようにする／enrich; rich（豊富）にする／enroll;（名簿に）入れる／entangle / disentangle; tangle（もつれ）させる／ほどく／entrust; trust（信用）の中に入れる、委ねる／enumerate; numerate（数える）していく、数え上げる、列挙する

- non-（〜がない。自明だがよく使われる例は）
  non-alcoholic; アルコールなしの／non-attendance; attend（出席、付き添い）していない／non-compliance; compliance（従う）をしていないこと／

nonconformity; con-（同じ）-form（形）をとっていないこと／non-fiction; fiction（作りごと）でないこと／non-flammable; flame（炎）がつかないこと、不燃性／non-linear; linear（線形）でないこと、非線形／non-negotiable; negotiation（話し合い、折衝）がつかないこと／non-professional; プロでないこと／non-profit; profit（利益）がないこと／non-refundable; refund（払い戻し）不可／non-renewable; re-（再び）new（新しく）出来ないこと、更新不可／non-scientific; scientific（科学的）でないこと／nonsense; sense（良識、意味）がないこと／non-smoking; smoking（煙を出すこと）不可、禁煙／non-standard; standard（標準）から外れていること／non-stop; 止まらないこと

- pre-（前に）、post-（後に）
  pre-date/post-date; 先付け日付／後付け日付／prior/posterior;（時間・順序が）前の／後ろの／postmodern; 近代・現代より後の、ポストモダン／postpone; 後に pone（置く）、後回しにする／postscript;（手紙の）追伸／pre-arranged; 前もってarrange（用意）した／preamble; 前文、序文／

IX. 語彙を増やそう　119

precaution;前もってなされたcaution（用心）／precede/succeed;先行する/後に続く／precept;（前もって与えられた）指針、規範、指示／preclude / include / exclude;排除する/含める/除外する／precondition;前提condition（条件）／pre-cooked;前もってcook（調理）された／precursor;先駆者、前兆となる現象のこと／predict;前もってdict（言う〔dictation〕）、予言／predominant;先行的にdominant（支配的）／preexist;前からexist（存在する）／prefabricated;前もってfabricate（作り上げられた、日本語でプレハブ）／preface;序文、最初にface（顔、面する）もの／prehistory;history（歴史）に記載されるよりも以前／prejudge;初めからjudge（審判、判断）してしまっている／preliminary;予備の、準備の／preoccupied;先にoccupy（占める）されている、先行するものに夢中になっていて次のことが入らない／pre-packed;前もってpack（包装）された／prepaid;前もってpaid（支払いされた）、支払済み／prepare;前もってpare（果物などの皮をむく）、調理・準備する（preparationそうするという抽象名詞）／prerequisite;前もってrequired（必要・要求）されるもの／pre-school;学齢前の／prescription;前もっ

て書かれたもの、処方箋／preset; 前もって set（設定）する／presume; 前もって assume（想定）する、仮定する／presuppose; 前もって suppose（〜だと思う）、仮定する／preteen; teenage（13-19歳）前の子供（11〜12歳の子供のこと）／pretend; 前もって〜する傾向がある、（そうだと決まっていないのに）そのふりをする／prevail;〜より vail（価値がある）、優先する・流布する／preview; 前もって見る／pre-war/post-war; 戦前の/戦後の

- pro-（賛成の、前の、前に）
  probiotics/antibiotics; バイオ（bio-）に良いもの/抗生物質／proceed/recede; 前に進む（進んでいたのを続ける）/後ろに進む（元に戻す）／produce/induce/reduce; 作り出す（ので増える）/導き出す/減らす／progressive/degressive; 前進する（進歩する）/後退する（退化する）／prohibit/inhibit;（国家などが）抑える、禁止する/（自発的に）抑える／project/object/inject; 前方へ投げ出す/投げ出されたもの/注入（注射）する／propose/dispose; 前に置く/離して置く（捨てる）／prospect/retrospect/aspect/inspect; 前を見る/後ろを見る/外見上の見えかた（画面の縦横比は

aspect ratio)／中を詳しく見る、調べる

- re-（再び）

reaction; 返ってきた action（作用）、反作用、反応／reaffirm; 再 affirm（断言、確信）／reappoint; 再 appoint（指名、任命）／reassure; 再び確か（sure）にする（a）、再保証、再確認、再保険、自信や元気を回復させる／rebuild; 再建／rebut; 反論、反証する／recall; 再び call（呼ぶ）、思い出す／recapitulate; 再び capitulation（要約、要項）する、要点を繰り返す／recast; 再び cast（鋳造）、作り直す／recharge; 再充電、再補給／recognize; 再び cognize（認識する）／recollect; 再び collect（集める）、思い出す／recommend; 再び commend（褒める、託する）、推薦する／recondition; 再び condition（健康状態）にする、修理する／reconsider; 再考する／reconstruct; 再建・再編成・復元する／recover; 再び cover（覆う、償う）、取り戻す、回復する／recreation; 再び（鋭気を）創造する／recurrent; 再び current（走っている）、再発する、周期的に起こる／recycle; 再循環する／redecorate; 再び飾る、改装する／redefine; 再定義、再検討する／redesign; 再設計、再計画する／redirect;

再び direct（方向づける）、向け直す／rediscover; 再発見する／redistribute; 再分配する／redo; 再び do（する）、やり直す／redress; 再び dress（整える）、正す、補償する／re-educate; 再教育／re-election; 再選挙／re-enter; 再び enter（入る）／re-examination; 再試験／refill; 再び fill（満たす）、補充する／refine; 再び fine（きれいな、細かい、…）にする／reflection; 再び flection（屈曲）、反射、熟慮／reform; 再び form（形を整える）、改善、改革、矯正、刷新する／refresh; 再び flesh（新しくする）／refrigerator; 再び frigid（寒冷）にする機械、冷蔵庫／refund; 再び fund（資金にする）、払い戻し／rehabilitate; 再び habitable（住める）ようにする、再建する、機能回復・社会復帰させる／reheat; 再加熱／rehouse; 再び house（住宅を与える、収容する）／reimburse; 弁済する／reinforce; 再び force（力）を持つようにする、強化する／reinsurance; 再保険／reissue; 再び issue（発する）、再発行／reiterate; 再び（何度も）iterate（繰り返す）、念を押す／reject; 元へject（投げる〔eject は外へ投げる、追い出す、はじき出す。inject は内へ投げる、注入する、注射する〕）、拒絶する／rejoin; 再加入、復帰／rejuvenate;

IX. 語彙を増やそう　123

再び juvenile（若い）にする、若返らせる／relate; 元へ late（運ぶ）、関係づける／relax; 再び lax（緩んだ）、緊張を緩める／release; 元に lease（緩める）、解放する／reliable; 元に liable（責任がある、liability は責務、債務）、信頼できる／reload; 再び load（載せる）、入れ直す／relocate; 再び locate（場所を定める）、移転・再設置する／remake; 作り直し／remarry; 再婚／remedy; 再び mediate（調停する）、治す／remember; 再びメンバーになっている、覚えている／remind; 再び mind（心）にもたらす、思い起こさせる／reminiscence; remind された、されるもの、回想／remove; 再び move（動かす）、取り去る／renaissance; 再び naissance（仏語で誕生）、ルネッサンス／rename; 再び name（名づける）／renewal; 再び new（新しくすること）／renovate; 再び新しく見えるようにすること、修復する（nova は新しいということ）／reopen; 再び開く／reorder; 再（び）注文する／reorganize; 再（び）編成する／repair; 再び組み合わせる、修理する／repay; 再び pay する、返金する／repeat; 繰り返す／repetitive; 繰り返しの（多い）／replace; 再び place（置く）、取り替える／replay; 再演／replica; 模写、複製（duplication）／reply; re（元

に）ply（包んで）返す（implyは内に包むこと、暗に意味する）、返事／reposition; 再びposition、場所を変える／repository; repositionする場所、保管場所／represent; 再びpresent（提供する）、表す、象徴する、代表する／reprint; 再びprint、リプリント／reproduce; 再びproduce（製造する）、再現する／request; 再びquest（探し求める）、要請・懇願する／rerun; 再びrun、再演／resale; 再販売／reschedule; 再びschedule、スケジュールを変更する／reserve; 再びserve（供給する）、（使わずに）残しておく（conserveは共に保つ、conservativeは保守的）／reset; 再びset（定位置に置く）／reshuffle; 再びshuffle（ごちゃ混ぜにする）／reside; 再びside（その側につく）、居住する（residenceは住居、residualは再びついたもの、残余）／resign; 元へsign（署名する）、辞職・辞任する／resolve; 完全にsolve（解く、解明する、溶かす）、(resolutionはresolveされたという状況、決意、決議)／resonance; sonic（音波の）re（何度にも）わたって共鳴している状況、反響、共鳴／resound;（音が）鳴り響く／resource; 再びsource（湧き出る、源）、資源／respect; 再びspect（視）、ふり返って見る、尊敬する、（重んずる）視点

IX．語彙を増やそう　　125

(respectiveはそれぞれの)／respond; 再びspond（返す約束）、応答する、責任を果たす／restate; 再びstate（状態、はっきり述べる）、言い直す／restore; 再びstore（蓄える、保管されている場所、店）、修理する、返却する／restraint; 再びstrain（引き締め、stressが掛かった結果として起こる状態のこと）、禁止、拘束する要因／restrict; 再びstrict（強く張る、厳格にする）、制限・限定する／resume; 再びsume（取る）、回復する／resurge; 再びsurge（押し寄せる、急に増加する）、よみがえる／retain; 再びtain（保つ）、保持する（containは容器などに入って保たれていること、sustainはsusすなわち下から保持すること、持続）／retread; 再びtread（踏みをつける）、古タイヤの再生／retry; 再びtry（試みる）／return; 再びturn（回す）、戻す、返す／reunite; 再びunite（結合させる）、再結合・再会させる／reuse; 再びuse（使う）、再利用／revaluate; 再びvalue（価値）を調べる、再評価／reveal; veal（覆い）をre-元に戻す、明らかにする、示す、現す／revenue; 再び戻ってvenue（来たもの、開催地、現場）、歳入／review; 再びview（眺め、見解）、再調査／revise; 再びvise（見る、visionの動詞）、改訂・復習する／revisit; 再び

visit（訪問）、再訪問、再考／revival; 再び viv（生きる）になること（vigorous は元気はつらつ、vivid は活発な・鮮やかな、vivace はイタリア語で活発な・生き生きとしたという意味で音楽用語のビバーチェ）、復活／revolve; 再び volve（回る）、回転する（evolveは回って出てくる・進化する、involve は巻き込む・その意味が巻き込まれている、revolution は回ってしまうこと・革命）／rewrite; 再び write（書く）、書き直し

- re-（後ろに〔pro- の逆〕）
 recede／proceed; 後退する／前進する／recession／access;（景気）後退／接近（方法）／recoil; 後ろに coil（巻く）、後ずさりする／regression／progression; 後退／前進／regret; 再び gret（泣く）、後悔する／remain; 後に main（留まる）、残る、遺体／report; 後ろへ port（運ぶ）、レポート（import は内へ運ぶ、輸入する、export は輸出する、transport は trans〔超えて〕運ぶ、輸送する）／retraction; 後ろに traction（牽引）、引っ込めること、撤回／reward; 後ろの ward（方向へ、forward 前方、backward 後方の ward）、報酬

- syn-（共に、同時に）

  symbiosis; 共生（bio は生命）／symbol; シンボル（bol は投げる）、象徴、記号／synchronic; 共時的な（chrono- は時間を表す、chronology 年代記、chronometer 精密時計）／synchronism; 同時性、同時発生／syndicate; シンジケート、企業連合（一緒にやるから）／syndrome; シンドローム、症候群（いろいろな症状が同時に起こるから）／synergism, synergy; 相乗（共同）作用／symmetry; 対称（-metry は測定）／synonym; 同義語／sympathy; 共感（-pathy は感情）／symphony; 交響、phone（音の）調和／symposium; シンポジウム、討論会／symptom; 兆候、きざし（ptom は起こる）／synthetic; synthesize（総合して1つのものに）されたもの、合成物質

他の言語を少し知っていると接頭語の意味が分かる

すでに出てきた接頭語には、ラテン語、ギリシャ語起源のものが多い。別にそこまで知らなくても、他の外国語を少し知っているとよく分かることがいろいろある。典型的な例は、co- である。イタリア語の con- と同じだが、音楽でしばしば出てくるから、ご存知の

方も多いだろう。

　すでに述べたものの他にも、ギリシャ語やラテン語起源で、数を数えるときによく使われる語を知っていると便利である。特に数が接頭語になっていたり、単位を表していたりするときである。以下に役立ちそうな例を挙げる。対応させた日本語は単なる一例である。

- 1 ＝ mono
  monochrome; 単色、モノクロ／monograph;（薄い）専門書、ひとつの題材を取り上げて書かれたもの／monolith; 一枚岩／monologue; 独り言／monopoly; 独占／monorail; レールが1本の（鉄道）／monotheism; 一神教／monotone; 一本調子、単調／monotony; 単調、退屈、形容詞は monotonous

- 2 ＝ di
  dichotomy; 二分されているもの、またはその状態／dielectric; 二分された電荷の、誘電性の／dilemma; ジレンマ、2つの（しばしば矛盾する）lemma（主題、テーマ、補助定理）の間での（択一）問題、板ばさみ（3つなら trilemma）／diverge; 分かれて広がること、その逆は converge（con- は with と同じで一緒にな

IX. 語彙を増やそう

ること、verge は縁、境界）／divergence;（diverge の抽象名詞）発散／diversity; 多様性、発散したものの全体をとらえた状況／divorce; 分離する、離婚（夫婦のとか、between religion and science 宗教と科学の間の、など）／carbon dioxide; 二酸化炭素（oxide は酸化物、oxygen は酸素）

　（2＝bi）

　biathlon; バイアスロン、2つの運動競技の組み合わせ（athletic は運動競技）／bicycle; 二輪車、自転車／bicentennial; 200年目ごとの（cent は100）／biennial; 2年ごと、2年（annus は year）ごとに開催される行事は biennale、日本語ではビエンナーレ（3年置きなら triennale トリエンナーレ）／bifurcate; 枝などが二股に分かれる、2つに分岐／bilateral; 両側の、双方の、2国間の（lateral は側面）／bilingual; 2言語を使える／binary; 2つからなる、2進法／binocular; 双眼鏡（単眼鏡は monocular）／binomial; 2項式の、2名式の（nom- は名前のこと、nominal は名前だけの）／bisect; 2（等）分する、分断する（sect は宗派とかセクションのこと）／bisexual; 両性の

- 3 ＝ tri

  triangle; 三角形／triathlon;（biathlon 参照）／tricycle;（三輪車、bicycle 参照）／trigonometric; 三角法の／trio; 3つ集まったもの、3人組、3重奏／triple; 三重の、3倍の（多重は multiple）

- 4 ＝ tetra

  tetrahedron; 四面体／tetrapack; 四面体の包装／tetrapod; 4脚の波消しブロック

- 5 ＝ penta

  pentagon; 五角形、その形をした建物、米国の国防総省はその形からペンタゴン／pentagram ＝ pentacle;（日本式の）星型（イスラエル式の6角の星型は hexagram）

- 6 ＝ hexa

  hexagon; 六角形／hexadecimal; 16進法（数学の表現で）／hexapod; 昆虫（足が6本だから）

- 7 ＝ hepta（sept）

  heptagon; 七角形／September; 第7番目の月、9月

（9月はもとは第7番目だったが、Julius シーザーが自分の Juli＝July とアウグストゥス皇帝の Augustus＝August を押し込んで、2ヶ月ずれることになった）

- 8＝octa
  October; 第8番目の月＝10月／octagon; 八角形／octave;（音階の）オクターブ（ドから次のドまでは8つ）／octopus; 蛸（たこ）（8本足、10本足の烏賊（いか）は decapod）

- 9＝nona
  November; 第9番目の月＝11月
  否定の non- と間違いやすいのでほとんど使われない
  nano- は10億分の1（小数点以下9桁目）

- 10＝deca
  decade; 10年間／deci- は 1／10／decimal; 10進法の（decimal point 小数点）／decimeter; 1/10メートル（10メートルは decameter）

- 100＝hect
  hectare; ヘクタール＝100アール（アールは面積の単位）／hectopascal; ヘクトパスカル＝100パスカル（圧

力の単位）

　なお、1/100 は centi-、センチメートル、センチリットル（1/100リットル）、セント（1/100ドル）

- より大きい／小さい単位
  1000／1000分の1＝kilo／milli
  100万（1000×1000＝kilo×kilo）／100万分の1
  　＝mega（M＝million）／micro（μ）
  　　mega は単に「大きい」という意味にも使われる。メガ・プロジェクト、megaphone メガホン（拡声器）、megastore 巨大店舗、megahit 超ヒット作品、など。一方の micro も単に「小さい」という意味にも使われる。英語ではマイクロと言うが、他のヨーロッパ語や日本語ではミクロと言う。例は microscope（小さい視野をみるもの＝顕微鏡）、micrometer（小さい長さを測るもの）、microchip（電子部品の小さいチップ、小さい IC＝Integrated Circuits 集積回路）、micro-cosm（小宇宙：生物などでいろいろなものが入って機能しているものをそうたとえる）など。
  10億（1000×1000×1000＝kilo×kilo×kilo）／10億分の1

＝giga（G＝billion）／nano

　　ナノテク nano-technology、大きさがナノメートル（10億分の１メートル：分子の大きさの程度）のものを扱う技術。

１兆（10億の1000倍）／１兆分の１

　＝tera（T＝英国の古語では billion と言われた）／pico

さらにその1000倍／1000分の１は、peta／femto

Ⅹ． 知っている言葉はいろいろある

金はAu、銀はAg

　他の外国語が出てきたついでに、話を少し広げておこう。金と銀は、英語ではそれぞれ gold と silver である。元素記号で金が Au なのは、ラテン語の金が aurum だからである。スペイン語は oro、フランス語は or。スラブ語系統では z がつき、ロシヤ語では золото ゾーロトと言い、EU に加盟する前のポーランドでは、また EU 加盟後でもさしあたりは、お金の単位はズローチである。

　英語での silver が元素記号で Ag なのは、ラテン語の argentum から来ている。スペイン語では plata とか argentino と言う。アルゼンチンという国名はそれから来ていて、アルヘンティーナと読む。そこでは、La Plata すなわちスペイン語で銀の川が流れており、銀が産出したからである。ロシヤ語では серебро セレブローだから、音がかなり異なる。近頃流行の「セレブ（celebrity 著名人のこと、略して celeb とも言う）」という定義不詳の日本語とは関係がない。

　ついでに言うと、元素記号でナトリウムは Na、カリウムは K であるが、英語では、それぞれ sodium、potassium と全く異なる音で呼ばれる。元素記号に英

語でないものが数多く出てくるのは、化学の発達が中世ヨーロッパ大陸における錬金術に起源を持つことの反映である。日本に西洋科学が入ってきたのは幕末から明治の頃で、ドイツの科学が幅を利かせていた。そういうわけで、日本ではドイツ語系統の音が残っていることが多い。

　第2次世界大戦のときには英語は敵性語だったので、ドイツ語がしばしば使われた。戦時中に高等教育を終えたのは、今では80歳を超える人たちであるが、英語よりドイツ語のほうが得意な人がしばしばおられる。私の祖父は、今生きていれば百数十歳であるが、そのあたりになると、英語式の読みかたは通じない。砂糖 Sugar のズガールとは何のことかと尋ねられた。Zucker ツッカーでないとピンとこないのだそうである。

カタカナ語とその功罪

　近頃はカタカナ語が多用され、日本語が乱れていると嘆く向きもある。確かに、対応するいい日本語があるときは、それを使うのがよい。フリー free と言うより、状況に合わせて、無料（入っていない）とか自由とか言ったほうがよい。ただ、日本語の漢語にする

と難しすぎたり、音を聞いただけでは分からなくなるものも数多い。典型は医学用語で、わざと難しく作ったようなものがある。

インドネシアから日本へ来てくれた看護師候補者が日本での資格を取る際に受けるべき試験の中で、「褥瘡（辱瘡とも書く）」という言葉などが問題視された。病人が長期間ベッドに寝ていて起こる圧迫性の壊疽のことで、褥は「しとね」という意味である。そんなに難しくしなくても、「床ずれ」でいいではないか。そんな日本語を作るから嫌われる。それに同音異義もあって、音だけでは意味が伝わりにくい。同じ「じょくそう」でも、「褥草」は家畜小屋に（しとねとして）敷く枯れ草や藁のことである。

より根本的な要因として、最近は文化や技術のグローバル（これもそう、global）化が甚だしいことがある。外国で使われたり、新しく作られたりした概念に対応する日本語をいちいち作るのが面倒なだけでなく、ピタリと合う語が作れないということもある。工夫を重ねすぎると、難しすぎる漢語を創作してしまうことになる。だからカタカナ語のほうが簡単なのである。

こうして、われわれがカタカナ言葉をとおして知っている言葉はいろいろある。例えば「エコ」。Eco-

は生態の、環境のと訳されるが、いろいろな要素の総体としての振舞いや状態のことである。典型は、economy 経済、節約（-nomy は名前的な意味での「学」、astronomy 天文学は、古来は astro 星の -nomy 名前や分類などの学）。エコロジー ecology 生態学（-logy は logos 理法、論理などから見た学）は、生物の生態システム ecosystem から派生して自然環境とか環境保護に転用し、日本特有の意味に使われることが多い。

　もっとやさしく、個々の概念を表すカタカナ語なら、枚挙にいとまがない。思いつくままに挙げれば、アイスクリーム ice cream、ドライアイス dry ice（溶けても気化して二酸化炭素ガスが出るだけで、濡れないから dry）、テレフォン telephone（電話、tele 遠くに phone 音を伝えるもの）、テレビジョン television（テレビ、tele まで届く vision 視野）、テレパシー telepathy（tele まで届く -pathy 感情）、コンピュータ computer（compute 計算する -er もの、道具）、チョイス choice（好みでの選択）、レストラン restaurant（rest 疲労を回復させる場所）、テーブル table（食卓、広がっていてそこに物を置くところ、表）、…。いろいろあるから、自分で思い起こして欲しい。ちなみに、思い起こすという「動作を起こさせる」のは remind で、覚えているという状態は

Ⅹ．知っている言葉はいろいろある

remember。

　お金の関係したものにも、いろいろある。(概算要求などに課される) シーリングは ceiling、すなわち上からかぶさっているもの、天井、最高限度のことである。コスト cost、キャッシュ cash 現金 (化する)、クレジットカード credit card (credit は信用〔貸し〕のこと) などがある。メリット merit、その反対のディメリット demerit はご存知のとおり。エコカー (日本語) だともてはやされている HV は Hybrid Vehicle で、hybrid とは混成の (エコカーではガソリンエンジンと電気モーターの動力との混成の) ということで、vehicle は乗り物という意味である。続けているとキリがないから、ここでやめるが、いろいろとゲーム game のようにして取り上げてみると面白い。

本来の意味を知ろう
　カタカナ語から理解すると、日本での使われかたとしての理解になりやすい。だからその本来の意味や概念の広がり、その概念の使われかたにまで理解を進めておければ理想的である。
　グローバル global をその例にしよう。名詞形は globe、すなわち「球、球体」のことである。丸いも

のは globe で、(軒灯などで)電球に被せてあるものなどがある。定冠詞をつけて the globe にすると地球ということになるが、人の住む世界としての「丸いもの」ということである。

Global と形容詞にすると、「球形の」というのが本来の意味であるが、球の全表面で全世界の、世界的な、ということになる。派生する語には、globalize、globalization、globalism などある。

より一般的に言うなら、さらに拡張した概念としても使われる。「全世界」というのは、何も地理的空間のことばかりとは限らない。一般の空間に対して用いられ、エネルギー空間(位置座標に変わってエネルギーの値をパラメターとして表した空間)でもよい。さらに概念空間にまで拡げると、全世界的というのは、むしろ「大局的(にとらえる、とらえた)」ということになる。

Global に対して、その逆の意味を持つのは local である。これは地理的に狭いある限定した場所のことであったり、そこだけ、そのことだけ、つまり大局的に対して局所的という意味を持つ。各駅停車の電車は、ふつうは比較的近い距離(地域)内で運行されるから、local と表示される。東京発熱海行きの電車や、かつ

X. 知っている言葉はいろいろある　　141

て常時運行されていた大垣まで行く各駅停車は local とは言いにくい。

　物事を狭い範囲内のことだけでしか考えないのは local な考えかた（とか、事象）で、全体のことを考えるのは global な考えである。100円の価値のものを150円で売れば50円儲かるというのは local な論理で、買い手は高く買わされているのだから local には損をしている。そのような交換が国内だけで行われているとし、国全体で総和をとると、儲けと損はキャンセルして、ほとんど残らない（ゼロサム zerosum、和 sum をとるとゼロになるという意味）。

　その際に残るのは移動に使った労力の価値分だという、ひとつの考えがある。交換を国内だけでなく、貿易のように外国（植民地など）との間で行ったら、外国に（高く売りつけて）損をさせた分だけ、売った側の国は儲かる。その国だけのことにして、全体の sum は計算しないようにしようということである。それぞれがどういう経済学に対応するか、重商主義や植民地とどのように関係するかは、自分で考えて欲しい。

　大切なことは、local な論理と global な論理とは違うということである。2008 年のリーマン（もとはドイ

ツ語でLehmanレーマンと書く)ショックに始まって世界に経済危機をもたらす動因になった金融工学は、localな論理からなっているものであり、globalな論理では初めから破綻していたのである。露骨だが分かりやすい例で言うと、ねずみ講のような無限連鎖の方式(multi- マルチ商法)は、トータルとしては富を生んだり儲けをもたらしたりはしない。しかし、初期に始めた人が途中で脱けてしまうと、その段階までなら儲かるということがある。全体のsumで議論するのは、closed system(閉じたシステム)として考えた場合であるが、途中で脱けてしまうのは、open system(開いたシステム)にした場合である。

これらの話からも分かるように、「ローカル／グローバル」は、「近所(国内)／全地球(世界)的」ということ以上の意味を持つ言葉である。そのようなものとして理解しておくと、言語活動も深まるというものである。

略語そのものを覚える必要はない

高等学校理科の授業で、地震のP波とS波が出てくる。P波は地震の初期微動をもたらす波で、S波は

その後に到達してユサユサと揺らせる波である。P波の来た時刻とS波の来た時刻の差、つまり時間間隔で震源までの距離が分かる。P波を先に感知してS波が来るぞと予告するのが、2007年から稼動するようになった地震警報システムである。逆にP波が来てから、なかなかS波が来ないときには、もう怖がる必要はない。

　地学の試験でP波とS波のどちらが先に来るかという問題が出されることがある。P波はprimary waveで、S波はsecondary waveの頭文字だから、primary第一のほうがsecondary第二より先に来るに決まっている。だからそのような略語にしたのである。もっとも、これは掛け言葉になっていて、P波はpressure wave（圧力波）、S波はshear wave（ねじれ波）で、それぞれの頭文字を取ったということにもなっている。そして、そのことだけで全てが分かってしまうのである。物理の言葉で言うとP波は進行方向前後に揺れる縦波で、S波は進行方向に対して横向きに揺れる横波である。

　こういうわけで、略語もいいかげんに作ったものではない。しかしながら日本ではそういう元の言葉とは関係なしに覚えさせようとする。新聞などでも元の言

葉が示されていないことが多いので、覚えるしかないということもある。特に最近は略語が氾濫していて、それだけでは何のことだかわけが分からなくなっていることが多い。しかし何を省略したのか、その元が分かれば、略語そのものと日本語の意味の対応をつける必要はない。略語が出てきたときの状況とか文脈などで関係が思い起こされるからである。そして語彙のセンスがつくと、その略語の使われかたと文脈から元の言葉を推測出来るようになる。

　銀行にATMがある。しかしATMという語と「現金自動預け払い機」とを、意味ではなく単なる語として対応させるには、覚えておくしかない。それに対し、ATM = Automated（自動化された）Teller Machineと理解していれば、状況に応じて思い出される。ここでTeller（告げてくれる人）というのは、銀行の窓口にいる人のことなので、その人は大抵のことを受けつけてくれる。ATMでは振込（他人の口座に送るもの）や振替（自分の口座間で移すもの。日本語は難しい、英語ではどちらもtransfer）、預金通帳の更新から暗証番号の変更などまでやってくれるから、それは「現金預け払い」機を超えている。

　それに対し、以前にはCD（Cash Dispenser）という

のがあった。今でもATMで引き出し（withdraw 一緒に引っ張る。drawer は箱などについている引き出し）た金額は、通帳にCDと記載されることが多い。CDは預金の払い戻しだけしかしてくれない機械のことだから、それでもよいのかもしれないが、dispenser というのは、（どちらかと言うと消費のために）分配して取り出す元の箱のことである。その典型は箱に入ったちり紙、つまりボックスティッシュ（ちり紙の dispenser）とか、自動販売機、かみそりの歯などを1枚ずつ取り出せるようにした容器のことである。

　元の言葉と略語とは、1対1に対応しているわけではない。略語にして情報量（ビット数、文字数）を減らしてしまったのだから、ひとつの略語はいろいろなことを指すことにならざるを得ないという事情もある。

　最悪の例はコンピュータの関係のものである。その時々の都合で略語を作るので、互いに矛盾するようなことも起こっている。例えば、上に述べたCDは、情報機器の関係ではコンパクト・ディスク Compact Disc（直径の小さい円盤）のことである。それには、コンピュータで読み込むことだけしか出来ないCD-ROM（Read Only Memory）もあれば、それに一度だけ書き込むことが出来るCD-Rもある。この -R とい

うのが曲者で、ここでは Recordable（書き込み記録可）である。しかし同じ R でも、ROM の R はまったく逆の Read になっている。何度も消したり書いたり出来るのは CD-RW であるが、この R は Re-Writable であり、書き直し出来るという意味である。ここでの R は「再び」という意味で、先の 2 種類の R のいずれとも全く異なる。

　そのようにいいかげんな命名は DVD にも受け継がれている。なお、DVD というのは Digital Versatile Disc で、Versatile というのは何にでも使えるというような意味である。それに対し、ビデオカメラのデジタルのものは、以前は DV テープに録画した。ここでの V はビデオのことで Digital Video tape というわけである。そういうことで全く一貫性がない。それでも計算機屋さんの肩を持つなら、計算機関係は技術の進歩が速いので、そうなってしまったのだという事情もある。

　このような状況を見ると、略語を覚えるよりは、元の意味で理解しておくほうが簡単なことが分かってもらえるだろう。有料道路の出入り口にある ETC は Electronic（電子的）Toll（通行料）Collection（集めること）system である。アメリカで（日本の）日本銀行

に相当し、ドル紙幣の発行などをしている銀行 FRB は、Federal（連邦）Reserve（準備）Bank（銀行）である。同じ FRB は、また Federal Reserve Board 連邦準備制度理事会（連邦準備委員会）でもあり、その FRB は銀行の FRB を統括する組織のことである。

　アルファベットを用いた略語の他に、外国語の一部分を取って、日本語の略語にしたものは数多くあるが、意味とは関係なしに略語化すると、外国人には通じない。Los Angeles をロスと言ったりするが、Los は単なる定冠詞だから、通じるはずがない。Personal computer のことをパソコン、remote control(ler) のことをリモコンなどと言うが、「コン」が何のことを言っているのか分かるはずがない。

　また、（自動車の）ハンドルは英語では steering wheel（舵取り輪）のことだが、英語国民は handle というと棒状のものを想像してしまう（昔の三輪自動車にはつの型ハンドルがあった）。

　他にも、エンタメ entertainment、アラフォー around forty (years old)、プレゼン presentation、メンテ maintenance などは、日本人でも知らないと意味が分からない KY（空気が読めない）というレベルのものである。これらは日本語で、しかも仲間内の言葉、

jargon 隠語、業界用語なのである。

　さらにひどいのは、意味が逆になってしまうものである。メタボは metabolic syndrome、すなわち metabolism（代謝、すなわち生物がものを取り入れ、不要物を排泄^{はいせつ}すること）が「正常に行われていない」ために生ずる syndrome いろいろな症状（症候群）のことである。しかしメタボだけだと、メタボリズムが「正常で活発」だと思う（「認知症」という語も同様な使いかたである）。しかも metabolic syndrome を内臓脂肪症候群と訳している。

　内臓脂肪が蓄積されていて腹囲が大きいのは、metabolic syndrome のうち、外から見えるひとつの現象である。こういうふうにして、スッキリしない言葉を作ってしまったから、metabolic syndrome の判断基準も外国での取り扱いと変わってしまって、新聞記事になったりする。元の意味では、糖尿病、高脂血症、高血圧、動脈硬化などが、syndrome 症候群のうちの典型的な症状である。

　最近はやりだしたロコモ locomotive syndrome（運動器官関係の症候群、関節が痛いとか、歩けなくなるとか）も同じである。よく使われる locomotive (steam) engine というのは（蒸気）機関車のことで、locomo と

Ⅹ．知っている言葉はいろいろある　　149

省略されたりする。日本語のロコモはそんなに力強いものではなく、全く逆で、筋肉や骨の不具合からくる運動機能障害である。

それに対し、スキヤキ sukiyaki、サシミ sashimi などは日本で出来た言葉（概念）だし、ツナミ（津波）tsunami も日本での話題が伝わって定着した言葉である。それに省略はされていない。それらは、外国人にとって、日本で言う意味のキチンと分かるカタカナ語と同じなのであり、異なる国で作られた概念を的確に表している言葉なのである。

意味が分かると正しく切れる

略語との関係で、変なところで切ると意味が通じなかったり、変わってしまったりすることを見た。外国語でそのまま発音するときでも、特に長い単語の場合、息継ぎの入る場所を間違えると、音が、従って意味も通じなくなる。先に挙げた Los Angeles はスペイン語起源であるが、定冠詞 Los のついたエンゼル（天使）なので、ロスで切れる。ロサン・ゼルスではない。意味から見ても分かるとおり、A のところにアクセントがある。ちなみに、定冠詞 Los がついているから、同じエンゼルでも天使の女王、聖母マリアを指し、

地名としてはその村という意味である。

　San Franciscoも同様で、サン・フランシスコは聖フランシスコのことで、意味的には、San（Saint）で切れる。フランス語では次の語と繋がるリエゾン（一般に組織間での連絡を取ること）が顕著だから、それと同じく繋がってもよいというかもしれない。しかし意味が伝わるには1秒の何十分の1かの切れ目が必要なことも多い。

　Amsterdamアムステル・ダムはアムステル川のダムに出来た町だということで、ダムのところにアクセントがあるだけでなく、その前で切れることになる。日本語でしばしば聞くように、アム・ステルダムだとステルダム川沿いのという意味になり、アムスでは全く通じない。それに対し、ドイツのフランクフルトは正式にはFrankfurt am（アム＝an dem＝英語ではatもしくはalong the）Main（マイン川のほとりの）で、フランクフルト・アム・マインである。

　ドイツのKaiserslauternで2006年サッカーのワールドカップ大会が行われたとき、放送でもカイザー・スラウテルンと呼んでいるところが目立った。これでは音が悪いだけでなく、意味も分からない。Lauterという名前の川にある島が中世の町になっていて、

Ⅹ．知っている言葉はいろいろある　　151

Kaisers 皇帝の（s は英語と同じで「〜の」ということ）lautern という意味である。ドイツ語では、この都市の名前は KL と表記する。だからカイザース・ラウテルンと読む。

　英語で表記するときには、意味に従って切り、次を大文字にしたりする。例えば Los Angeles とか San Francisco である。他の言葉では続けてしまうものが多いので、その意味を知っている必要がある。西洋では文字がほとんど共通なので、英語として表記するときに、そのまま綴られることもある。それでも、例えば、英語の地理事典の項目では、キチンと Kaisers=lautern と切ってある。英語国では、そこから見た外国語が英語なまりで発音されることも多いが、意味として切るところはキチンと守られる。

　人の名前では、Einstein は ein ひとつの stein 石、一石（ひといし）さんだから、その間に間がある。かつて韓国の大統領であった盧武鉉（の・むひょん）は「の」が名字で「むひょん」が名前なので、その間で切れることになる。しかし大統領に選出されてかなりの間、テレビ局や番組によっては、しばしば「のむ・ひょん」と呼ばれていた。イタリアの友達に Tripiccione という人がいるが、ここで tri は 3 で

piccione は鳩だから、三鳩（みはと）さんというわけである。その間で切ると、発音しやすいだけでなく、綴りが p になるのか pp になるのかまで分かる。ちなみに、c がふたつになるのは、童話に登場する Pinocchio ピノッキオと同じである。

　固有名詞でなくても同様なことがある。ロシヤが古いタイプのままの共産主義を脱しようとした頃に、ゴルバチョフという大統領が出た。彼は перестройка ペレ・ストロイカというのを実行した。ペレは反復、変更、再開、超過を表す接頭語（英語で言うと vari-）で、ストロイカは建設だから、両者の間で切れる。だから立て直し、改革という意味になる。これをペレス・トロイカで切ると、何だか分からない。ペレスというスペイン語の名前のついたトロイカ、3頭立ての馬車（トロはトリ＝3からくる）になってしまう。

XI. パソコンの言葉

キーボードの操作

　パソコンのマニュアル（manual 手に取って見るもの、manu- は手）は分かりにくいものの典型と言われる。理由はもちろんいくつかある。マニュアルを書く人がキチンと階層構造的に書いてないだとか、細かい操作のことばかり書いてあって、そもそも何のためにそのソフトやハードを使うのかとか、全体の構成や構造がどうなっているかということが書いてなくて、全貌がつかめなかったりするからである。第X節で使った言葉で言うと、local なことばかりが詳しく書いてあって、global なことがおざなりになっているということである。

　この問題の根本解決はこの書の範囲を超えているし、ここでパソコンの使いかたを解説しようとするのではない。この節では本書の趣旨に添って言葉のことだけを考える。それでも外国語で表されている言葉とその意味が分かったら、パソコンの使いかたは急にやさしくなることを知って欲しい。それはパソコンの技術と文化が外国語での概念を使いながら作られてきたものだからである。そしてそこに使われているやさしい日常的に使われる外国語で理解するほうが、難しい漢語

に置き換えられた日本語で理解するよりもはるかに容易であることを読み取って欲しい。なお、パソコンの基本ソフトにはウィンドウズ XP が入っているものとして、その言葉を使うが、他の基本ソフトでも、考えかたや用語法はほとんど同じである。

ドラッグ・アンド・ドロップ drag and drop という操作がある。例えば folder フォルダー（書類挟み）A にある file ファイル f をフォルダー B に move 移動させたいときには、次のようにせよと書いてある。

(1) フォルダー A の icon アイコンに mouse マウス（二十日鼠。ボタンの耳とコードの尻尾があるから）の pointer 指示記号（ふつうは矢印に設定）を重ね、マウスを click クリック（カチッと言わせる）してフォルダー A を開くと、その中に入っているいろいろなファイルをリストした表が現れる。

(2) 同様にフォルダー B も開いておく。

(3) A の表の中からファイル f を見つけ、そのアイコンまたは filename ファイル名の上で mouse の左ボタンを押して、それをとらえる。

(4) ボタンを押したまま drag ドラッグして（引きずって）、B の表の空白部分に drop 落とす（押していたボタンを離す）。なお、フォルダー B は開いておかなく

てもよい。そのときには、フォルダーBのアイコンの上にdropする。

　ここに出てくる概念や操作は子供にも分かる言葉で記述されているが、ただひとつだけ、アイコンという言葉は、日本人にとって必ずしも馴染みがあるわけではないかもしれない。それはキリスト教の聖像画のことで、英語以外ではイコン（εικών、икона、Ikon、icon、イコン）と発音するのがふつうで、東方（正）教会のほうでは、信仰の対象として盛んである。最近は「絵文字」という意味で使われることが多い。日本語で、地獄・極楽の図とか、テレビのディレクターがよく使う「絵解き」とかいう言いかたにあたるが、それぞれのイコンは個々のものを指す単純なものである。

　それらを日本語漢語にして、drag＝牽引、drop＝落下、folder＝書類挟み、file＝書類、move＝移動、icon＝絵文字、mouse＝鼠型操作器、pointer＝指示記号、click＝カチッと音を立てさせる、filename＝書類名、などにすると、かえって難しく、かつての医学用語のようになる。

　マウスのポインターをそれぞれの場所に細かく持っていってボタンをカチャカチャやるのは、細かい操作で肩が凝る。それよりもキーボードで操作すれば、い

ろいろな指を使うので動作が集中せず、楽な場合が多い。そのためには、どのキーにどの操作が割り当てられているかを知っている必要がある。それらは、もちろん、好きなように設定できるが、ふつう（default 不履行、怠慢）は、英語で理解していれば覚えなくても分かる割り当てになっている。

例えば、ctrl＋A（control キーと A とを一緒に押す）は all で全部選択、ctrl＋C は copy コピー、ctrl＋D は delete 削除、ctrl＋F は find 見つける、検索とか、file ファイル、ctrl＋P は print 印刷、ctrl＋Q は quit やめる（子供がいたずらをしているときに、「やめろ」と言うのは Quit it.）、ctrl＋X は exit 出口で終わります、ctrl＋Y は yield 繰り返し同じことをする（作り出す、譲る。道路で優先通行権のないほうから近づくと、yield 譲れという表示が出ている）という調子である。

頭文字とは無関係に、ctrl＋V が paste（ctrl＋C でコピーしたものの）「貼りつけ」になっているのは、ctrl＋P を印刷で使ってしまったから、ctrl＋C というコピーの隣のキーの V に割り当てたからにすぎない。Ctrl＋Z は undo で、今しがたしたことを「やはりヤメる」（Z は最後の文字だから）という調子である。

これらの組み合わせは、何も ctrl キーとのものだ

けではない。旗がなびいている印のWindowsキーとの組み合わせwin＋は組み込まれたコマンドcommand指揮・制御を起動させるもので、例えば、win＋Fはfind、win＋Eはexplorer調査・探検する人、すなわちフォルダーとファイルの構成を階層構造的に表示するコマンドを呼ぶようになっている。他にもシフトshift（移る）キーとの組み合わせや、alt＝alternate（代わりのもの、代役）キーとの組み合わせ、3つのキーを組み合わせたものなどいろいろあるが、それらも英語の解釈でおかしくないキーに割り当てられている。

　キーの割り当てにはWindowsのシステムで設定しているのもあれば、それぞれのソフトで設定しているものもある。もちろん、どちらでも、キーの持つ意味はそれぞれ自分の好きなようにカスタマイズcustomize（custom習慣。お客様に合わせる）して変えることができる。そこで、例えば日本語にして、検索はctrl＋Kとかctrl＋けなどにしてしまうという方法もある。しかしそれぞれ自分の趣味でキーを割り当てるとわけが分からなくなったり、他のパソコンを使うときに混乱したりするという問題がある。だから世界標準に合わせて、そのまま英語で理解しておくほうが

簡単である。

ファイルの名前と拡張子

　フォルダーを開くと、そこにはより深い階層のフォルダーとファイルの名前がリストされ、並んでいる。ファイル名は、filename.ext のように、ファイルの名前 "filename" と、ピリオド（ドット dot、日本語では最後の「ト」にアクセントをつけられることが多いが、母音がつくのは do- だけ）で区切られた extension（「拡張子」という語が対応させられているが、延長、追加、と思っておくほうがやさしい）".ext" からなっている。Extension はふつう3文字だが、そうでないものもある。Extension が表示されない設定にしている人は、explorer で、ツール｜フォルダーオプション｜表示｜ファイルとフォルダーの表示｜の中で、「登録されている拡張子の名前は表示しない」という項目のチェックを外して、OK とすればよい。

　それぞれのファイルについている .ext は、そのファイルの形式を表している。いろいろあるが、知っているとよい典型的なものだけを説明しよう。文章で文字の繋がり（string）だけのものは .txt (text)、文章の layout（文字の書体や配置など）も含められているも

のは .doc（document 文書、最近は .docx もある）などである。同じ内容の文章でも .doc にすると、そのファイルのサイズは .txt の数十倍になったりする。画像を貼りつけると、さらに大きくなる。

　画像ファイルの最も基本的なものは .bmp（bitmap）である。これは画面を碁盤目の領域（raster）に分けて、それぞれの領域（デジカメで言うと画素 pixel ピクセル）に色と濃さを示したものである。例えば縦横を3000×4000に区切ると1200万画素になるので、そのデータ量は膨大になる。

　もしその中のある領域が一様なもの、例えば真っ白なら、「これこれの領域の画素は全部真っ白」と指定するだけで表現出来るので、表現に必要なデータ量が少なくなり、保存にも送信にも都合が良い。そのようにしてデータ量を減らすのを「圧縮」と言うが、いろいろな圧縮法に応じて異なるファイル形式がある。

　写真向きでよく使われるのは、.jpg とか .jpeg という extension がつけられているもので、Joint Photographic Experts Group が定めた仕様によるものである。画像の内容によるが、サイズは .bmp の20分の1くらいになる。そして、そのような圧縮を動画 motion pictures に対して行ったものは、.mpg、

.mpeg（m は motion の m）と表示される。動画では、前の画面と違うところ（差 difference、差分 differential）だけを記述するという技法も使われている。

　文字や画像も含めて整形された文書が、他のパソコンでも全く同様に表示され、そこから好きな部分を文字情報とか画像情報として切り出せるようになっていると都合がよい。それを叶えてくれるのに .pdf という extension のファイルがある。それは Adobe 社によるもので、portable document format（file）という画像入り文書ファイルである。その本質は portable で、ポータブルラジオとかポータブルテレビという言葉からよく知られているように、持ち運び可能ということである。ここでの portability というのは、異なるコンピュータやシステムの間で共通に使えることを指す。携帯電話の契約会社を変更しても、同じ番号を継続して使える MNP（Mobile Number Portability）の場合と同じ意味である。

文字と画像で拡大出来るものは
　同じ書体の文字の一揃いを font（イギリス：fount）フォントと言う。昔ながらの書体の分類には、gothic ゴシック、bold 太字、italic イタリック（斜体字）な

どがある。英字では、例えばiとmのように、横幅が大いに異なる文字があるので、そのことを考慮して文字の間隔が調整されているものをproportional（比例）fontと呼ぶ。

　個々の文字も、表示や印刷されるときは画像である。その作りかたによって、raster image（font）とvector image（font）がある。Rasterはドイツ語から来た語で、網目、スクリーン、方眼（紙）のことである。テレビ画像もそう呼ばれるが、それは走査線に沿って順次描かれる。そこでの画像はすでに述べたように、ビットマップ.bmpの画像なので、拡大するとギザギザになる。

　それに対し、vectorベクター（ベクトル）は数学でご存知のとおり、方向を指定した線分のことで、始点と終点を結ぶものである。そして文字の輪郭を多数の小さいベクトルに分けて構成し、それで表示するのがvector fontである。だから拡大してもほとんど滑らかな文字になる。それはポスターのように大きいものを作るのに適している。講演などのpresentationで使うPowerPointパワーポイントというソフトでは、ベクター・フォントが使われるので、スクリーンいっぱいに大きく拡大しても滑らかで読みやすい。

そこへ組み込む（貼りつける）画像にも、もちろん、両者の形式がある。Jpeg（.jpg）などは raster（bitmap）で表示されるので、vector 画像とは異なって、高倍率の拡大には耐えられない。Vector 画像には、.emf とか .wmf という extension がつけられていることが多いが、それは enhanced より質の高いとか、windows（ウィンドウズ規格）の meta-file ということである。

　この meta- というのは、「〜の後の」という意味で、physics（物の学、物理学）に対して metaphysics（形而上学）と言うときの meta- である。Meta- はいろいろなところで使われる接頭語であるが、世の中では meta- のほうが高尚で偉いことになっている。Font の話に戻ると、vector font は meta-font とも呼ばれる。

　ファイル名につける extension に話を戻そう。Presentation（変な日本語ではプレゼン）に使うソフト、パワーポイントで作られるファイルにつけられるのは .ppt（PowerPoint）である。これはソフトを作った会社がそのソフト名に合わせてつけたもので、固有名詞のようなものである。表計算ソフト Excel でつけられる .xls（.xlsx）も同様である。

それに対し、表の中のそれぞれの項目を、コンマで区切って並べただけのファイルもある（横の行が変わるところには改行の記号が入っている）。それは .csv で表示されるが、comma-separated values（コンマで分けられた値）という意味である。そのようなファイルのサイズが .xls などと比べて格段に小さいのは、文書で .txt ファイルが .doc に比べて小さいのと同様である。しかるべきソフトを使えば、.csv ファイルを好きな形式のファイル、例えば .xls に簡単に変換できる。

何をするかを記述する実行ファイル

　前項までに述べたのは、文字や画像をデータとして記述するファイルである。コンピュータは、それに加えて、自分が何をどうするべきかという手順すなわちプログラムを書き込んだファイルを持っている。それらは実行ファイルと呼ばれ、次のような extension がつけられている。

　簡単な手続きを行うファイルの場合は .com や .cmd、すなわち command で、軍隊用語の命令、指揮という意味である。複雑な一連の仕事をさせるものは .exe で、execution 実行、執行の意味である。一連

の .exe を順次自動的に呼び出しては実行し、ひとまとまりの job 仕事をするように組んだものは batch job と呼ばれ、その手順を記述したファイルは .bat で表される。Batch は 1 束、1 群、1 度に処理する分、一竈(ひとかま)で焼く分という意味である。

　それらはシステムやソフトによく現れるものだが、その他に .scr とか .pif とかいう、気をつけておいたほうがよいファイルがある。前者は screen（画面を）saver（保存するもの）で、後者は program information file すなわちプログラムを開始させることに関係するものである。ふつうの使いかたでは、これらの extension を持つファイル（名）がデータの中に潜んでいることは稀(まれ)である。中でも勝手に動き出す .pif は危険で、ファイルのリストの中に、いつの間にか、組み込まれていると、ウイルスである確率が高い。

パソコン用語で言葉の世界を広げる

　一般のパソコン・ユーザーはこの程度のことを知っていればいいだろう。この節の冒頭にも書いたように、ここでは言葉の意味を説明することに重点を置いた。意味が分かれば、その機能の本質的なところは想像が

つく。そしてパソコン用語が分かると語彙も広がるし、語彙が身についているとパソコン用語も容易に分かる。パソコン用語を技術的、専門的な用語として覚えようとする向きが多いようだが、それよりも日常用語との関連で理解しておくほうが簡単だし、それなら覚える必要もない。そのことを言うのがこの節の目的だから、くどいかもしれないが、ひとつの語で、もう少し詳しく説明しておこう。

　先に出てきた port という語は、ものが出入りするところ、すなわち、港という意味のラテン語系統の言葉である。それに対応するゲルマン語系統の言葉は Hafen ハーフェン（独）である。だから空港は airport エアポート、aeroporto アエロポルト（伊）、Flughafen フルークハーフェンなどになる。Flug は飛ぶこと、Flügel は「翼」で、メンデルスゾーンの美しくロマンチックな歌曲「歌の翼に君を乗せて… Auf Flügeln des Gesanges Herzliebchen trag ich dich fort …」でご存知だろう。飛行機という翼を持つ器具は Flugzeug フルークツォイクである。

　港の話に戻すと、アメリカ、コネチカット州の New Haven（ニューヘイブン）は f が v になっており、新港というわけである。日本語ではニューヘブンと呼

ばれることもあるが、heaven 天国ではない。似た言葉で最近話題になるのは tax haven で、税金がかからぬようにお金を寄港させておく国のことである。これは日本語でもタックスヘイブンと言われている。

コンピュータでのポートに戻そう。パソコンを外部の器機に繋ぐところ、すなわち信号（情報）の出入り口は port 港である。USB port は Universal Serial Bus、何にでも使える直列のバス（乗り合いバスの bus と同じで、ここでは情報データが乗る）の port ということである。Serial（直列）は Parallel（並列）に対する言葉で、1本のルート（線）に順次乗っていくということである。

インターネット

International が国際的を意味するように、inter- インターは「相互の」という意味である。Internet は相互に繋がった network 網上の組織である。紛らわしいかもしれないが、イントラネットという語もある。この intra- イントラは「内部の」という意味で、インターとはむしろ逆である。そして intra- の「直接」の反対語は extra-「領域外、範囲外の」ということになる。アメリカで使われる言葉で言うと、interstate highwayは他の州にまで繋がる（またがる）道路であるが、intrastateだと州内にあるということになる。

こうしてwwwすなわちworld wide（世界中に繋がった）web（蜘蛛の巣）はインターネットで、会社内とか家庭内に張り巡らされているのはイントラネットということになる。前者はWAN（Wide Area Network）で、後者はLAN（Local Area Network）である。ふつうはLANから外の世界のWANに出ていけるようにしているが、その間にある関所がrouterというルート（経路）をコントロールするもので、外と出し入れしたくないデータが通らないように見張っている。

外からの信号がひとつの経路に入ってきても、それを内部の多数の経路に分けて、それぞれのコンピュータに接続して使いたい。そこで用いられるのがhubハブである。ハブは自転車の車輪の中心部にある軸のことで、そこから多くのspokeスポークという細い骨が出ている。ハブ空港というのもそういうもので、数多くの路線が乗り入れ、出航しているので、乗り換えに便利である。

ネットワークに話を戻す。多くのルーターにはハブの機能も組み込まれているので、WANからの入り口がひとつなのに対し、LANへの出口は複数になって

いる。もちろん、出口のひとつにもうひとつのハブの入り口も繋ぐと、信号は次の階層の複数の出口に分けられる。これを何段も階層的に繋ぐと、信号の出入り口は掛け算的に増える。これが第Ⅳ節でも述べた、tree ツリー構造と呼ばれる階層構造である。幹が大枝に、大枝が小枝に、小枝が葉に分かれていくのと同じである。会社の組織図で、会社が部、課、係…に分かれていくのと同じである。

インターネットをとおしてあるところと通信するには、相手先を指定しなければならない。その住所となるのが URL すなわち Uniform（統一した方式で定めた）Resource（資源すなわち相手のサーバー）Locator（場所 location を決めるもの）である。日本語では「統一資源位置指定子」という、音を聞いただけでは何のことだか分からないような言葉に対応させられている。

多くの場合、それは http://www…. という形になっている。ここで http は、hypertext（文字を超えるものを、文字と記号の組み合わせと規則で表現した文字の列）transfer（どこか別のところへ移す）protocol（外交条約議定書、通信規約）に従ってやりますということである。それに s（security 安全）をつけて https としたものは、通信のやりとりを暗号化して行うもので、

privacy などにかかわる重要なデータをやりとりするときに用いられる。それに続くのは world wide web である。なお、hyper- というのは「超」という意味だが、「超」の程度が高くなるに従って、super-、ultra-、hyper- などと言う。

インターネットで表示される画面は、ふつう hypertext で書かれている。それは html、すなわち hypertext markup（マークをつけて、画像なども含めて、いろいろなことを表現できるようにした）language（人工言語）で記述される。電子メールも html で記述すれば、いろいろなスタイルで、いろいろなものが送れる。ただし、送るべき情報量が単なる text だけの場合に比べてはるかに大きくなる。

パソコンを買ってきたとき、メールには html mail が default として設定されていて、使用者はそのことを意識しなくても自動的に html に変換したものが送られる。ただ、不必要に飾るのは通信回線容量の無駄使いだし、見るほうもうるさく感じることがある。事務的な仕事には text のほうがサッパリしている。携帯電話に送るときに html を使うと、膨大な通信量になって高くついたり、相手に表示されなかったりするので気をつけたほうがよい。

パソコンの基本的な使いかた

　パソコンは難しいと思う人がある。その一方、何でも簡単に出来ると思う人がある。実際には、たかが機械にやらせるものだから、単純な論理構成にしておかないと、その表現としての機械が複雑になり、大変なものになってしまう。だから物事は可能な限り一般化、かつ単純化されている。

　パソコンが怖いと思われるのは、主に次のふたつの理由による。第1は、その説明を理解するには、パソコンの言葉や一般化された概念をある程度分かっている必要がある、という矛盾する前提があるからである。そうしないと、説明があまりにも長く、複雑になりすぎる。だからこの節でも、ふつうなら最初に記述すべき「基本的な」使いかたというのが、後から出てくることになってしまう。

　第2は一般化されているということである。数学の数式や形式は、変数などの記号で記述されるから難しいと思われるのに似ている。しかし記号で記述するのは、特定の事柄についてだけではなく、可能な限り一般的に適用出来るように、記述を最も簡単にしたいからなのである。そしてそれをハードウエア、電子回路

として機械の上に実現するときには、その（簡単化された）記述を実現する（realize、現実 real にする）のが、最もやさしく、安上がりなのである。

　具体的に話していこう。パソコンでの処理は、
（1）倉庫として使う記憶装置からファイルを取り出す
（2）それを（部分的に）変更し、
（3）元の記憶装置へ戻す
というだけのことである。パソコンの言葉で言うと、
（1）倉庫として大量のファイルを保存出来るが、反応の遅いハードディスク（内部で硬い円盤が回っているから）などから、操作をするための反応が速く、細かいことまで出来る記憶装置、すなわち半導体 memory メモリーに load（積載する。トラックの load limit 積載限度何トンなどと言うのと同じ）して、
（2）そこで edit（編集）し、
（3）元の遅い記憶装置に save するということになる。

　save は、本来は、危険から救う、守るなどという意味であるが、ここでは、使わずに残しておくと（すなわち仕舞っておくと）守られるので、それらは、同じ概念である。

　よく使われる言い回しとして、save money や save energy があり、「節約する」ことだと思われているが、

英語での概念はやや異なる。例えば、安売りで100円のものを80円で買って save money をしようというのがアメリカでの広告の表現である。日本語では、そもそも買わずに我慢すれば、もっと「節約」になると思うかもしれない。しかし英語の発想では、余った20円を仕舞っておくということである。買わなかったら、そもそも save という概念が介入することがない。Save energy も全く同じ論理である。

　Load—edit—save という流れを一般化すると、新しいファイルを作ることも、それに含ませることが出来る。何も書いてない真っ白なファイルを load し、(何も edit しないという) edit をしてから save するということである。また、例えば、プリンターで印刷するのは、プリンターという物を抽象的なファイルとみなして、そのファイルを作る (edit する)、とする。物理的に印字するのは、それとは切り離されたことで、プリンターだけが独立して勝手にやる (off-line) ことだとすればよいのである。このようにすると、ほとんどの事柄がひとつの論理過程で処理出来る。そしてその処理の流れを、edit して書き換える手続きやプリンターが物理的に印字する具体的手続きから分離することが出来る (separable 分離可能にするという)。

Edit自身もまた同じ構造で理解出来る。すなわち、先に述べた（1）—（2）—（3）の過程が、よりlocalに行われるだけである。すなわち、（1）速い記憶装置（メモリー）の中のある、アドレスで指定した位置にあるひとつのデータ（数値で表現されている）を、CPU（Central Processing Unit 中央演算処理装置）にloadしてきて、（2）そこでデータとしての数値を変更する。そして、（3）元のアドレスの場所に戻す、ということである。追加や削除もこの文脈で考えれば、何もデータが入っていないところのアドレスを追加してそこでeditすること、すでにあるアドレスのところのデータを消して何も入っていないようにすることと解釈すればよい。

　そのことを具体的に行うために新しく必要になるのは、データをどう変えるかをキーボードなりマウスから指示する方法である。それは文字列の場合、図の場合などについて、いろいろなソフトの間でなるべく共通（common）になるように、常識に従って定められる。

　ソフトにはその目的に応じていろいろなものがあるが、基本的にはそのような構造にプログラミングされている。だから、そういうふうに作られている（私な

らそういうふうに作る）と思いながらマニュアルを読むと、やさしく理解出来る。そのソフトで恣意的に（好き勝手に）決めた点だけに気をつければ、後は流し読みでよいのである。

　変な例かもしれないが、先日、必要があって法務省のオンライン申請システムというのを使った。システムを download（自分のパソコンでなく、外の大もとのサーバーから下流 down 方向に取ってくるのをそう言う）し、install（in- 自分のパソコンの中に、stall 使えるように置く、取り入れて使えるように設定する）し、実際に使って目的の申請をするまでのことについて、何百ページものマニュアルがついている。何も知らない人でも出来るように、丁寧に、親切に書いてあるということなのだろう。

　ただ、コンピュータに慣れている人なら飛ばし読みが出来るのだが、そうでない人にとっては、あまりにも大部なので、見るのがいやになる。そして何とかシステムがあまり使われないということになり、事業仕分けで申請1件につきいくらかかったと槍玉に挙げられることになった。

　このような問題は、何もコンピュータのマニュアルだけでなく、一般の文書を作ったり、話の筋道を立て

たりするときにも起こることである。分かりやすくするためには、大筋で分離可能な論理は可能な限り分離し、それでも残る部分の間にあるやや弱い相互関係や細かいことは、別立てで議論することが大切である。それは、論理なり話なりの階層構造をキチンと構成することでもある。

　こうしてコンピュータが使えるようになると、言語活動も充実するようになるし、その逆もまた然りである。概念の理解やその構成法も身につく。外国語を習得して使えるようになりたいときも同じである。外国語の概念体系、造語力（概念構成力）などの話をとおしてすでに見てきたとおりである。

XII. 実用に使えるようになるために

そのためにはコツがある

これまでに述べた主なことは次の3つであった。
- 発音は気にしない（それぞれのお国なまりの発音で、結構通じている）。
- 翻訳しないでそのまま理解する（語順が異なる言語を翻訳していると、ついていけない）。
- 語彙を増やす（その際、日本語と外国語では単語が直接の対応はしないので、外国語での概念構成で身につける）。

ただ、実用になるようにするためには、その他にもいくつかのコツがある。順不同になるが、いくつかのヒントを簡単に述べてみる。初めに話し言葉に関することを述べるが、書き言葉に共通のことも多い。書き言葉固有のことは後で触れる。

文法どおりの言葉？

文法どおりに書いてひどい目にあった経験がある。仕事でロシヤへ行ったとき、その前の連絡はロシヤ語の手紙で行った。電子メールという言葉すらなかった頃の話である。大都市の機関では、私がどういう人間であるか知っていたので、英語の分かる人が迎えに来てくれた。しかし地方の都市を訪問したときに出迎え

てくれたのは英語の話せない人で、会話に困ったことがある。

　その人が言うには、「手紙には文法や言葉の活用形まで正しいロシヤ語が書いてあったので、ロシヤ語がペラペラのかただと思いました」というわけである。確かに常識的な理解である。しかし日本で昔ふうに語学を学んだ者には、そうでないことがしばしばある。その逆は子供の場合である。小さい子供が文法の間違いをしたり、小学生が綴りを間違えて書いたりすることはよくあるが、それでも通じている。インドで、No problem BIKE と書いたバイク（二輪自動車）の広告看板を見た。インドでは no-problem という語は日常的に形容詞として通用している。

話し言葉と書き言葉は違う

　話したことを録音して文字にそのまま起こしてみると分かるように、話し言葉は書き言葉とは大いに違う。まず必ずしも文法どおりではなく、文が常に完結しているとも限らない。ときにはひとつの単語だけで回答になっていることもしばしばである。ごたごたと完全な文を言うよりも、最も大切な語を発するだけのほうが、ポイントがよく分かることもある。典型的な例は、

Yes／Noをはっきりと言うことである。それだけでキチンとした回答になる。会話では、言葉の真意を聞き直すことが出来る。ある会議で、ひとりが詳しい説明をしたら、第二者がOf course.と言った。それを聴いていた第三者が、Of course yes, or of course not?と尋ねた。こうして、会話は確かめ合いながら進む。

　文にしないと伝わらないような内容の会話では、ポイントとなるべき単語を何度も繰り返して、文脈を正しく分かってもらう。これは話し言葉のリダンダンシー redundancy（冗長性）である。このことは座談、講演、講義のように、比較的長い話をするときには特に重要である。それに対し、書き言葉、特に論文的なものでは、繰り返し同じことは言わない。そうでないと、repetitiveだ（繰り返しが多い）と評される。

　このような違いのために、次のようなことが起こる。座談会の録音を文字に起こしてもらっても、そのままでは印刷できるような記事にならない。座談会の雰囲気を残すために、話し言葉的なところも残しながら、余分な冗長性を取り去り、中間的な言葉遣いに変えなければならない。

　会議で答弁をする準備として、日本では想定問答集

というのをくれることがしばしばある。しかし実際には、質問が想定されたとおりではないのでピンボケになったりする。それに、一度書きものにすると書き言葉的になるので、その場の自分の判断で話しているのではないことがすぐにばれる。

　講演や講義などでも、自分の言葉で話しているのか、原稿を書いてきて読み上げているのか、すぐに分かる。そして書き言葉的なものを読み上げられると、冗長性不足で大変分かりにくいものになる。書きものでは自分の速度で、ときには立ち戻りながら読めるのに対し、話はその場限りで流れていってしまうからである。

発音より大事なイントネーション

　西洋語では、単語の発音にアクセントが重要である。日本語でそれに対応するのは、音の強弱というアクセントではなく、音の高低という音調である。例えば箸（はし）と橋の違いである。それでも、その重要性は西洋語ほどではない。実際、箸と橋の例では、関東と関西では互いに逆の音調になっているが、両者の間でも何となく通じさせている。

　日本語はそのように、むしろ平板な言葉であるが、そのことは単語レベルだけでなく、文のレベルでも同

様である。すなわち文全体の流れでも、声の音調というか抑揚 intonation が少ない。西洋人にとって日本人の英語が分かりにくい理由は、アクセントの間違いよりもイントネーションのなさのほうが大きい（アクセントの間違いは話の筋道との関係で分かる）。話し言葉は全ての単語を正確に聴き取っているわけではないから、文のレベルでも大切なことは強調して欲しいし、それが期待されているわけである。

　It is a book. と言うときに、大事なのは book であって、あとはどちらでもいい決まり文句である。どうも有難うと言うとき、Thank you very much. と very を強調して言う。Thank you. というのは、日本語の「どうも」という感じで多用され、意味の薄いものである。一般的には、Thank you. と言われても、本当に感謝しているかどうか分からない。

　また、英語での疑問文は、疑問詞を使わないときでも Do you... とか Are you... などで始まるので明白だが、そのような構文の違いでなく、単にイントネーションの違いだけで肯定文と疑問文を区別する言語も多い。

　イタリアで飛行機に乗ると、われわれがイタリア（Alitalia アリタリア）航空だと思っているのは、アリ

ターリァ航空である。そしてアナウンスを聞いていると、この国でオペラのアリアが盛んな理由がよく分かる。すなわち単語に強弱、長短、音調が豊富で、文にもイントネーションがあり、音楽的に流れるわけである。それがふつうだと思っているところで日本語式に平板にやられると、どこを聞いてどこを聞き逃していいか分からないから、聞くほうも疲れて、真意が、悪い場合は意味まで通じないことになる。イントネーションは大げさに使い分けたほうがよい。

子音と母音

日本語と西洋語の大きな違いの中に、母音と子音の比率の違いがある。もっとも西洋語と言っても、スペイン語やイタリア語は母音が多いから、日本人には発音しやすく、通じやすい面がある。それに比べて、英語は母音が少ない。

例えば、ストレス stress と言うとき、日本語では sutoresu と4つも母音があるが、英語では e がひとつあるだけである。日本語でトのところにアクセントをつけて発音されることが多いが、英語では o という母音がないから、t にアクセントが来るはずがない。

余分な母音を入れて理解していると、アクセントを

つけるところを間違えるだけでなく、発音に時間がかかるから、聴くときでも話すときでも、頭の中で音を思い浮かべながら読むときでも、ふつうの速さについていけなくなる。

　しかし、このことと、子音の発音をあいまいにすることとは別で、子音も（母音をくっつけたりアクセントをつけたりすることなしに）弱いが発音しないと通じない。そのあたりは、Hillary Clinton の演説が聴きやすい。もごもごした発音を比べてみれば分かる。

　母音に比べて子音の多い語は発音しにくいと言われる。以前にラジオのクラシック番組のおしゃべりで、発音しにくい指揮者の名前を取り上げていたことがあった。横綱はスタニスラフ・スクロバチェフスキーなのだそうである。日本語式だと母音が15個もある。彼の生まれのポーランド語では・タニ・ラ・、・ロバチェ・イ・と７つしかない。さらに、ポーランド語は知らなくても、それによく似たロシヤ語で、（Р〔Ｒにあたる〕とЛ〔Ｌにあたる〕は違うが、）ロバチェフスキー Лобачевский という名前があるとか、スクロームヌィ（控えめの）скромный という単語があることを知っていると、ロのｏの前にある３つ連なった子音（skr）もやさしく発音出来る。だから、余分な母音を入れな

いためには、語彙も豊富であることが必要なのである。

大事なことはこちらから話して確認をとろう

外国語で会話をするとき、相手の言うことを聴き取るほうが、こちらから言うよりも難しい。こちらが話すのは自分の理解に従って自由に、好きな速さで、好きな語彙を使って話せばいいが、聴き取るときは、それらが相手によってコントロールされているからである。必ずしもキチンと理解していない場合でも、日本人は Yes と返すことがあると言われることがある。日本人の、なるべく「反対」とは言わないで相手に合わせるという美徳の表現かもしれないが、契約をしたり答弁をしたりのように大切な事柄について話し合っているときには、危険である。状況によって、Yes という返事は重い意味を持つ。

話は何も Yes に限ったことではない。I'm sorry. とか、Thank you. でさえもそうである。例えば交通事故が起こったときに、I am sorry. と先に言った者のほうに主な責任があると、いつまでも見なされる。Thank you. は相手の主張していることを認めたことにもなりかねない。どうでもよいとき、害も益もないときには気楽に乱発されるこれらの言葉も、場合によ

っては、物事の分け目を決めてしまう。

　現実の場面がどちらの場合に当たるかどうかを峻別する感覚は、個人や市民としての権利意識である。日本ではあまり権利意識を出さないのがいい人だと思われるふしがある。しかし西洋では権利を主張せずに損をする人はバカだと思われる。ドイツでは、道路の交差点で優先通行の権利があるにもかかわらず道を譲ったことがもとで事故が起こった場合、優先順位を守らなかった（遂行しなかった）ほうが悪いと思われる。これらは文化と歴史の違いに基づいている。

　日本だけでなく西洋でも、相手の言うことをまずは一応は認めて、「だけどこういうことがありますよ。だから、話（の本質）はあなたの言われることとは違ってこうですよ」という会話の進めかたがある。人間関係をギクシャクさせない、良い聞きかた・話しかただと言われる。

　しかし一度 Yes と言っても、Yes, …, but …. と続けて、相手を打ち負かすだけの言語力と論理力があればいざしらず、大切なことの話では、そういう言いかたは避けたほうが安全である。むしろ、相手の言うことを100％理解出来ないときには、それを自分の言葉で言い直して「こういうことですね」と、話の主導権

をこちらが取り、相手からYesという言葉（言質）を引き出しておくのがよい。そのほうがやさしい上に、確実である。

言いたいことがあると言葉は次々と出てくる

典型は論争、クレーム claim、けんかなどの場合である。言いたいことが山ほどあったり、気が立っていたりすると、細かい文法に気をつかっている暇はない。語彙や表現でも、同じことを言うのにいろいろな言いかたがあるから、その中から自分の使える英語が次々と口をついて出てくる。インド人のような調子でまくしたてればよいわけである。必要となれば、人間の適応性は非常に高いものだというのが分かる。たまには論争して、自信をつけよう。演説や講演も原稿なしでやろう。立ち往生するとみっともないから、言葉は次々と出てくる。

自動車の運転は1万キロ

英語がなかなか自由に使えないという話を聞く。それは、主に机に向かいながら英語を勉強しているからであろう。英語と自動車を比べると面白い。自動車の免許は教習所で取る。そのときは、まさに机の上で勉

強しているようなものである。しかしひとたび運転免許を手にすると、自動車を走らせるのが楽しかったり、どこかに行かなければならない用事があったりで、あちこち走り回ることになる。そうしていろいろ危ない状況や、スピードを出しても危なくないような状況に遭遇する。

　免許を取って1万キロメートルほど走ると、自動車は思いどおりに運転できるようになるという。平均時速を20キロメートルだとしても、そのために割いた時間は500時間にもなる。英語も500時間話し、読み、書けば、ほとんど自由に使えることになる。ただしそれは、実用上必要になることでの500時間という意味である。自動車が500時間で自由に操れるようになるのは、実用に使って500時間運転したからである。しかも実用の現場では、慣れないうちは事故の危険性もあるので緊張の連続である。それに対し、幸い英語の場合は、慣れないうちでも、自動車ほどの危険はない。

やさしい英語をたくさん読もう

　日本語を500時間読むと、ゆっくりでも600万文字ほど、つまり新書版の本で60冊くらいになる。大変なことのように見えるかもしれないが、実は私たちは結構

読んでいる。新聞、商品の説明や仕様書、広告、町なかでの表示など、いろいろある。日本語ではそれらを無意識に読んでいるのに、外国語となると毛嫌いしたり、構えたりして避けることがある。

　昨今は、町にも、テレビにも、インターネットにも、機械類の操作などでも、外国語が溢れている。テレビでは外国人の発言が字幕つきで、しかも昔と違って発音も同時に聞こえる。主音声と副音声を使って、2ヶ国語で放送している番組もある。英語でニュースを見ていても日本語の字幕が出るから、分かりやすい。

　町なかの表示も、最近は日本語の他に英語、中国語、韓国語でも書かれていて、それらの対応が一目瞭然である。東京では地下鉄のホームで電車を待っている間に、中国の簡体字もハングル文字も覚えられる。

　インターネットではウィキペディア Wikipedia が面白い。英語版は日本語版よりも、より多くの書き手と読み手の目を通っているので、内容的により良く出来ているし、事典だから難しい言い回しもなく、単純明快に書かれている。哲学のことを調べたければ、ドイツ語版がよい。外国語に対するアレルギーさえ払拭してしまえばよいのである。

　それでも、日本語で600万字に相当する分量を英語

で読むのは大変だと思うかもしれない。知らない語を辞書で引かなければならないと思うからである。この点については、辞書を引かなくても語彙が形成されていく過程についてすでに話したが、現実的なアプローチとしては、内容をよく理解しているものを読むことから始めるとよい。

　私が高校生の頃には、今から見ると稚拙な方法での英語教育を受けてきた。しかし大学に入ると、(有機)化学の教科書は、厚さが5センチメートルもある英語で書かれたものであった。当時の学生にとって、ふつうの洋書はあまりにも高価なものであったが、逆に、それを補うものとして、Asia Edition の廉いリプリントものがあった。当時は日本語の専門書は高価だったから、それより廉いものもあり、教科書にしていたのである。日本語の専門書がたくさん出版されるようになったのは、昭和30年代も終わり頃になってからである。

　学生はその化学の教科書を、高校でつけた英語力で難なく読んでいた。科学の本は単純明快に書かれていて、難しい言い回しや文章はないから、化学の内容さえ理解出来れば、読むのは簡単である。その結果、その程度のものなら日本語と同様にわけなく読めるよう

になった。一方、外国語の授業では、例えばHerman Melville の Moby-Dick; or, the Whale『白鯨(はくげい)』のような難しいものを読まされた。そちらは、予習の辞書引きと、特別の言い回しやスラングの解釈に膨大な時間を潰させられたが、ほとんど身につかなかった。

　そのように思うのは、何も私だけのことではない。その後、国際的な人の行き来が盛んになり、韓国と日本で共同の会議を計画したときの話である。お隣どうしの国で一緒に集まるのに英語で話し合うのは情けないと、私は思った。それに対して韓国の科学者が次のように言った。「韓国では日本ほど自国語での専門書がないので、英語は韓国の学生のほうがよく出来る。ご心配なく」ということであった。

誤解すると辻褄が合わなくなるものを読もう

　読んでいて正しく理解しているかどうかを確かめられるのは、話の辻褄くらいしかない。語学学習のテキストにはよく文学作品や評論が用いられるが、それらはどのようにでも読み取れるところがある。実際、文学作品の読み取りや解釈は、著者の意図だけでなく、読者（の読みかた）との関係において成立すると言われるくらいである。それに、外国語が正しく読み取れ

ず、内容が正しく理解されていなくても、現実には、何も困ったことは起こらないから、そのまま通り過ぎてしまう。

その逆の例は、コンピュータやソフトのマニュアルである。間違って理解すると、コンピュータは思ったとおりに反応してくれないから、誤解していたと、すぐに分かる。英語で書いたものは、解説書や雑誌のレベルでも、フリーソフトに関連しても、いろいろとある。パソコンを英語で使うことにしてしまえば、覚えることも少なく、その論理構造とコマンドの関係も簡単という特典があることはすでに述べた。

それでも、コンピュータのマニュアルほど出来の悪いものはないと言う人は多い。第XI節でも述べたように、そこでは個々の操作という local なことが詳しすぎて、global なことについての記述が少なすぎるという問題がある。しかし外国語の読み取りが正しいかどうかは、まずは local なことでチェック出来る。全体の話の流れとか思想でチェックしようとすれば、文学作品の読み取りと同様に、正しいかどうかが分かりにくい。

コンピュータに触らなくてもキチンとチェックできるものには、数学とか定量的科学がある。そこに出て

くる数値や数式関係を自分で計算して確かめることが出来るからである。科学の嫌いな人なら、経済学的なこととか、税金の確定申告書の書きかたでもよい。アメリカの確定申告は日本のものとよく似ているので、特別に勉強しなくても分かる。それらのことは全て嫌いだという人は、料理の本でもいいかもしれない。間違って理解すると、まずいものが出来あがるであろう。

　ここに述べたようなテーマのものは、それぞれに特有の言葉が出てくることはあっても、やさしい構文で書かれている。つまり外国語としての難しさはない。それに対し、文学をテキストにしたがる先生は、そんなものでは外国語の実力はつかない、もっと高尚で高度かつ意味深長な文章で勉強しなさいとおっしゃる。しかしその段階に達する前に、比較的簡単な文章を論理的に正しく理解出来るようになることが先である。レトリックにまで進むのは、その後でよい。

　大学の先生仲間で考えると、理科系の先生のほうが文科系の先生と比べて、より自在に外国語を読み・書き・討論に使っている傾向があると私は思う。授業時間数や大学院の入学試験においても、文科系のほうが理科系よりも外国語に重点が置かれているというのに。この一見不思議な結果には、数多くの理由がある。ま

ず理科系の学問は国際的なものだから、論文の読み書きでもコミュニケーションでも、外国語（今では英語）が中心である。学問の国際交流や共同研究でも然りである。そして最も大きい違いは、理科系では、先に例として挙げたように、間違って理解したり発信したりすると困ったことになる事柄に関して外国語を使っている点にある。

論理構造のしっかりしたものを書こう

　書くこと固有の話はほとんどしなかった。実際には、話すことも含めて、発信は大切である。しかし学校で習う書く練習は、短い文章を正しい文法で書くということが中心であった。しかも、あたりまえのことをふつうの文でたくさん書かせるよりも、わざと間違いやすい言い回しの作文を少しだけさせられる場合が多かった。そのためか、「これこれの事柄ないしは問題について、あなたの考えを英語で書いてください」と言われても、なかなか出来ないようである。そもそも、印刷して数ページを超える英文を書いた経験のない学生が多い。もちろん、書くことの指導は大いに手間がかかるから、そこまで指導していられないという事情もある。

私の経験では、外国語の指導が最も充実していると、担当の先生がたが自負する大学から大学院へ入ってきた学生でも、最初に論文を書くときにはそうである。その原因にはもちろんいろいろある。この書ですでに述べたように、英語とは概念体系が異なる日本語で考えて、それを個々に英語にあてはめながら書いているということもかなり大きい問題点である。

　しかしもうひとつのより深刻な問題がある。そういう学生に日本語で書いてもらっても、キチンとしたものが書けないのである。すなわち問題は英語か日本語かという以前に、キチンとした論理構成の文章が書けるかという問題なのである。

　振り返って、私が受けてきた国語教育を考えると、その原因はよく分かる。それは子供のときの作文から始まる。言われてきたことは、君の作文は理屈が書いてあって面白くないので、マルはひとつだけ。あの子の作文は（あいまいだったり揺れたりする）気持ちがよく表れているので五重マル、というわけである。あたかも、論理的構成がしっかりしている文章は文学的ではないので、国語教育とは関係のないものだと言わんばかりである。本当にそうだろうか。いい文学作品は、全体としての構成が、話の展開だけでなく論理的にも

筋が通っている。このことは、その点に着目しながら読んでみるとよく分かる。

　この点が、ロゴス logos を重視する欧米の教育と、180度とまでは言わないにしても、170度ほど異なっている点である。そして、それが他の分野の教育にまで響く。日本の15〜16歳の生徒の科学や数学に関するリテラシーや読解力は、OECD（Organisation for Economic Co-operation and Development 経済協力開発機構）の国と地域での調査 PISA（Programme for International Student Assessment 生徒の学習到達度調査）によると、2006年度には以前よりもかなり順位を落としている。

　その理由として、2006年度から出題傾向が変わり、知識だけでなく、その応用や展開が重視されるようになったからだ、と新聞や教育関係者の間で大きい話題になった。日本は、単に機械的な計算をさせるだけなら順位は比較的高いのだが、文章題の応用問題になると低いのである。これはまさに言語的・論理的能力が育っていないことの表れで、理科だとか数学だとかいう問題以前である。

　このことを考えると、外国語でキチンとした文章が書けたり、キチンとしたプレゼンテーション

presentation が出来るようになるためには、まずは論理構造、論理構成、話の展開の階層構造がしっかりした文章が作れるようになることが必須である。近頃はいろいろな場面で presentation の重要性が強調されており、その解説書もある。それらは西洋では古くから強調され、指導されてきた作法である。それを英語で勉強すれば一石二鳥になるであろう。なお、プレゼンと言うと、Microsoft のパワーポイントの使いかただと思っている人がいるが、ここで言っているのは present される内容のことである。言葉は伝えたい内容があってはじめて、その役割を果たす。伝えたい内容がないときには、いくら練習をしても、空疎なものにしかならない。

　もちろん英語などで presentation をするときには、日本語での場合とは異なる注意点がいくつかある。それらをもう一度おさらいしておこう。

- 言いたいことは、結論から先に言おう。理屈や説明はその後で。
- 理屈や説明をするときには、話の展開、使う概念について、論理的階層構造をしっかり構成しよう。
- 事実を述べることと、意見を述べることを混ぜてはいけない。そして、事実、解釈、意見、感想の区別

をはっきり意識し、明示しよう。
- その外国語の概念（体系）を使って考え、表現しよう。先に日本語でまとめてしまうと、対応する概念を探すのが難しくなるし、話の展開の順序を組み直さなければならないことになる。

短く対称性の良い文を

　ここで述べることは、日本語の場合でも同様に重要なことだが、外国語、中でも西洋語で書くときには特に気をつけたい。

　例えばトルストイの『復活』Воскресение バスクレセーニエには、1ページを過ぎてもピリオドが現れないようなところもある。文学作品ならそれで良いのかもしれないが、何かを分かってもらおうとして書いたり、話したりするときは、逆に簡潔なほうがよく通じる。

　哲学者 René Descartes デカルトは、明晰判明（claire et distincte〔仏〕、klar und deutlich〔独〕、clear and distinct〔英〕）である（と認識される）ことが、真であることの基準と考えた（なお deutlich とは、Deutung 意味〔英語の meaning〕が、明確で、間違えようがなく、分かりやすい、読みやすいという意味で、日本語

で「判明」と言うよりも、はるかに分かりやすい)。Stanford Encyclopedia of Philosophy の解説には、「Descartes declares "I now seem to be able to lay it down as a general rule that whatever I perceive very clearly and distinctly is true" (7 : 35). Clarity and distinctness of intellectual perception is the mark of truth.」と書いてある。事典の英語はこのようにやさしいので、自分で意味を汲み取ってください。

彼は Meditationes de prima philosophia (1641)『省察』という著作の中で、神の存在を証明することに関連して、そのことを記述している。しかし、彼のデカルト座標(数学で用いられる直交座標)や、Discours de la méthode (1637)『方法序説』で述べられる「分析から総合へ」という方法が近代科学を形成する基盤になったことからみても、そのような考えかたの一般的な重要性は高い。

哲学でなくても、明晰判明な文章のほうが分かりやすいし、正確に伝わる。そのためには、文 sentence は短いほうが好ましい。関係代名詞などを使って副文をつけるときでも、せいぜい、副文―主文―副文のような構成が望ましい。副文に副文を、つまり副・副文をつけると、とたんに分かりにくくなる。

主・副という構造でなく、同格で並列の場合もある。そのときは、「むかしむかし／(おじいさん)と(おばあさん)がおりました／{おじいさんは(山へ芝刈りに)}、{おばあさんは(川へ洗濯に)行きました}」というのは大変分かりやすく、頭にスッと入る。対応している語や句を括弧で括って示したが、それらは完全に対称的になっているからである。それに、かなで書けば(音で言うと)、字数まで同じものが対応していて、明確、明快である。

　これをもう少し詳しく言うために、「おばあさんは(近くの川)に洗濯に」としたいのなら、おじいさんのほうも、「おじいさんは(遠くの山)へ芝刈りに」と対称的にすると、スッと分かるようになる。このとき、おばあさんの「近くの」というのが話の中では大切で、おじいさんの「遠くの」ということはどうでもよいことだったとしてもである。

「遠くの」が入るのは、以前に述べた、話し言葉に必要な冗長性 redundancy のもうひとつの側面である。書き言葉ではより複雑な構文を使うから、単語のレベルだけでなく、句や副文のレベルでも、それらの長さ(音数)も含めて対称性を良くすると、より分かりやすくなる。もっとも、書き言葉の場合には文や文章の

冗長性を嫌うから、冗長にならずに対称性が良くなる言い回しや構成を考える必要がある。

言いたいことが明確に伝わるように

この節で述べてきたことは、英語の場合でも日本語の場合でも同様に考慮すべきことである。その重要性の程度は、物事をはっきりと述べ伝えたいという西洋文化の場合と、必ずしもそうではない日本文化の場合では異なるように見えるが、日本語でもはっきり伝えることが大切な場面は多い。そういうときには、英語ならどう言うかを頭のどこかにおいて、作文をするのがよい。

はっきり伝えるということに関連して、話の構成という global な面の他にも、local なことでも私がいつも気になる、ふたつの大切なことがある。ひとつは能動と受動を正しく使い分けることである。動作の主体と客体をはっきりさせることだと言ってもよい。これは主語と動詞の関係をキチンとするということでもある。このことについては、すでに「能動と受動（89ページ）」として論じた。

もうひとつのさらに大切なことは、語と語、句と句、文と文の接続で、順接と逆接をキチンと使い分けるこ

とである。これはandで繋ぐかbutで繋ぐかということであるが、そういう形式的なレベルだけでなく、意味的なレベルにもある。単語や文の意味的なレベルで逆接「的」な意味に繋がる語には、too、yet、while、otherwiseなどいろいろある。逆接的な場合の対称性（非対称性asymmetryで対称性がないという意味ではなく、逆向きの、符号を替えた対称性があることでanti-symmetryと言う）もキチンと整えなければならない。

　それらのどのレベルでもキチンと表現する習慣をつけると、日本語で書く場合にも接続を正しく書き表す習慣がつく。それが正しくないと、話の意図や主張点が逆の意味に取られたりする。そのような文章は学生の書いたものだけでなく、企業がウェブサイトに載せている文章にも散見され、混乱の元になっている。このことについても、外国語を身につけることによって、キチンと表現する習慣がつく。

　話がoverrunしてしまった。このような意味での日本語の書きかたの詳しいことは、この書の範囲を超えているので、このくらいでやめる。ここから先のことは、どなたかが書いてくださるといいのだがと思っている。

おわりに

　かなり変わった内容の本になってしまった。ありきたりの、「こういうことを書くことになっています」とされていることとか、他の人が言っていることなどは、今さら言う必要はない。逆に、大切だが、それを言うと「そしり」を受ける危険性があると思われていることについて発言する義務が、特に年寄りにはあると思っている。私も齢を重ねて、後は死ぬだけだから、もう怖いものはないからである。

　そんなものでも出版してくださった集英社、特に編集部の大浦慶子さんには感謝している。それでも、参考文献リストを作れますかと尋ねられていたのに、作らなかった。弁解するなら、どこかに書いてあるものや考えに従ったり、そのまま引っぱってきたりはしていないから、参考文献もないのである。そして簡単なデータは、今やインターネットに溢れており、常識的なデータまで細かく引用しているとキリがないし、その必要もないと思ったからである。

　そういうわけで、この書で述べたことには、私の誤

解や考え違いがあるかもしれない。それに、私と異なる意見を持つ人も多いだろう。そういうことに気づかれた方は、コメントなり酷評なりしていただければ有難いと思っている。

（追記）最後になるが、編集部の方々にも、改めて感謝したい。私が今まで経験したことがないほど、詳しく点検してくださった。本筋に関係するところは取り入れさせていただいたが、物事を精密化・正確化・厳密化しようという指摘は一部分を取り入れさせてもらっただけである。角を矯めて牛を殺すことになるのを避けたかったからである。読者には、この書の趣旨にあるとおり、全体の流れを中心にして読んで欲しかったということでもある。こういうことで、詳細については不十分だったりすることが多々あると思うが、それらの点は、必要があれば、読者自身で補っていただければ幸いである。

2010年9月

杉本大一郎

杉本大一郎(すぎもと だいいちろう)

1937年生まれ。宇宙物理学者。東京大学名誉教授、放送大学名誉教授。京都大学物理学部物理学科卒業。同大学院理学研究科原子核理学専攻博士課程を修了し、理学博士に。名古屋大学理学部物理学科助手、米国科学アカデミーNASA研究員、東京大学教養学部助教授を経て東京大学教養学部教授、同大学院総合文化研究科教授、放送大学教授を歴任。『宇宙の終焉』『星の進化と終末』『エントロピー入門』『相対性理論は不思議ではない』他著書多数。

外国語の壁は理系思考で壊す

2010年10月20日 第1刷発行　　　　　　　　集英社新書0562E

著者………杉本大一郎(すぎもとだいいちろう)
発行者……館　孝太郎
発行所……株式会社集英社
　　　　東京都千代田区一ツ橋2-5-10　郵便番号101-8050
　　　　電話　03-3230-6391(編集部)
　　　　　　　03-3230-6393(販売部)
　　　　　　　03-3230-6080(読者係)

装幀………原　研哉
印刷所……大日本印刷株式会社　凸版印刷株式会社
製本所……加藤製本株式会社
定価はカバーに表示してあります。

© Sugimoto Daiichirou 2010　　　　ISBN 978-4-08-720562-6 C0287

Printed in Japan

造本には十分注意しておりますが、乱丁・落丁(本のページ順序の間違いや抜け落ち)の場合はお取り替え致します。購入された書店名を明記して小社読者係宛にお送り下さい。送料は小社負担でお取り替え致します。但し、古書店で購入したものについてはお取り替え出来ません。なお、本書の一部あるいは全部を無断で複写複製することは、法律で認められた場合を除き、著作権の侵害となります。

集英社新書　好評既刊

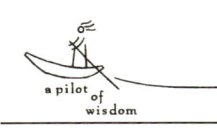

子どものケータイー危険な解放区
下田博次 0551-B
いつでも誰とでも繋がれるケータイの利便性が、少年犯罪をより深刻化させている。解決策を緊急提言。

二酸化炭素温暖化説の崩壊
広瀬 隆 0552-A
二〇〇九年、二酸化炭素温暖化説の論拠となっていたデータの捏造が発覚した。真の原因を科学的に考察。

腰痛はアタマで治す
伊藤和磨 0553-I
誰にでもある姿勢や動作のクセ。その誤った日常動作で生じた「腰痛」の予防・改善メソッドを詳細に説明。

最前線は蛮族たれ
釜本邦茂 0554-B
組織を変えるには「個」の力が必要である。サッカーからみた日本と日本人論を伝説のFWが強烈に放つ。

ルポ 在日外国人
髙賛侑 0555-B
多民族社会への道を進む日本。二二三万人に達した在日外国人の現状をルポし、多文化共生の道筋を探る。

知っておきたいアメリカ意外史
杉田米行 0556-D
アメリカ人にとっては常識でも多くの日本人は知らないという歴史的事実を紹介。米国の本質がわかる一冊。

「戦地」に生きる人々
日本ビジュアル・ジャーナリスト協会編 0557-A
世界の戦地に潜入し、戦火の下で生きる人々の声を届けるべく活動してきたジャーナリストの取材報告。

美人は得をするか「顔」学入門
山口真美 0558-G
美人の基準とは何か？ 似たもの夫婦はなぜ似るのか？『日本顔学会』理事である著者が顔をめぐる謎を解明。

長崎グラバー邸 父子二代
山口由美 0559-D
かつてグラバー邸に住んでいた武器商人トーマス・グラバーと息子の富三郎。父子二代の歴史ドラマを描く。

電線一本で世界を救う
山下 博 0560-G
自作の電線を自動車の内部配線に応用することを開発した著者、自然環境保全への可能性にも言及する。

既刊情報の詳細は集英社新書のホームページへ
http://shinsho.shueisha.co.jp/